गौतम राजऋषि की ग़ज़लें

' गौतम की शायरी में मुझे नासिर काज़मी की शायरी की 'उदास बरखा' जा-ब-जा बिखरी नज़र आती है। मुझे उनकी शायरी में जहाँ बशीर बद्र के महबूब का ख़ूबसूरत, मासूम और सलोना चेहरा, उदास मुस्कुराहट और आँचल का नाज़ुक लम्स भी महसूस होता है, वहीं फ़िराक़ गोरखपुरी की शोख़-सी उदासी भी मयस्सर होती है। मालूम होता है, गौतम की ग़ज़लों की सरहदें नासिर, बशीर और फ़िराक़ की शायरी की सरहदों से बहुत दूर नहीं है। लेकिन इन सबसे हटकर जो बात गौतम को अपने समकालीन शायरों से अलग करती है, एक नई पहचान देती है वो है गौतम की इमेजरी...रोज़मर्रा की ज़िन्दगी में इस्तेमाल होने वाली चीज़ें और आम ज़ुबान में पुकारी जाने वाली बातें जैसे कि 'चाय', 'मोबाइल', 'कैडबरी', 'हैंग-ओवर', 'बालकोनी' वगैरह कुछ इस कदर उनके अशआर में घुल-मिल कर उभरते हैं कि बस दाद निकलती रहती है पढ़ने के बाद। ज़ुबान की नोक-पलक सँवारकर और फ़न की बारीकियों की बेहतर समझ के सहारे मुझे यक़ीन है, गौतम की ग़ज़लों की गूँज बहुत दूर और बहुत देर तक सुनी जा सकेगी।'

—मशहूर शायर राहत इन्दौरी

' मुझे फख़्र है कि मैंने कर्नल गौतम की ग़ज़लों को पढ़ा, आँखों से चूमा और सीने से लगाया है। तिरसठ बरस के इस बूढ़े शायर को गौतम राजऋषि की शायरी से निकलती हुई आँच की ज़रूरत पड़ती है। मैं मिसाल के तौर पर गौतम की ग़ज़लों के कुछ शे'र पढ़ने वालों के हवाले करना चाहता हूँ, लेकिन मेरी सादा मिज़ाजी इस बात की इजाज़त नहीं देती कि मैं कुछ शे'र यहाँ पर

लिखूँ। इससे पढ़ने वालों की सोच में भटकाव आता है और वैसे भी अच्छी शायरी उस मिठाई की दुकान की तरह नहीं होती जिसे ''सैम्पल पैक'' के ज़रिये पेश किया जाये। मेरी दिली दुआ है कि गौतम अपनी शायरी से इसी तरह अदब और साहित्य के ख़ज़ाने को मालामाल करते रहेंगे।'

—जाने-माने शायर मुनव्वर राणा

' गौतम की ग़ज़लें... ख़ास उसके अपने ही रंग में डूबी हुई होती हैं, एक बहुत ही ख़ास बौछार में नहाई हुई ग़ज़लें। गुनगुनी धूप में जैसे वादियाँ अपने बदन से रात की ओस उतारें या जैसे कुहरे का हल्का-हल्का धुआँ उड़ने लगे। ये मर्तबा बड़ी मुश्किल से मिलता है कि किसी के शे'र उसके नाम से पहचाने जायें...गौतम ने वो मर्तबा अपनी मेहनत, अपनी लगन से बहुत कम वक़्त में हासिल कर लिया है। सैकड़ों शे'रों की भीड़ में गौतम के शे'र अलग से पहचाने जा सकते हैं...ग़ज़ल के शेर में नस्र की पराकाष्ठा...अहा! आम तौर पर भाषा पर पूर्णाधिकार के बाद ये मंज़िल नसीब होती है। माँ शारदा का विशेष आशीर्वाद प्राप्त है गौतम की क़लम को...ज़िन्दाबाद!'

—लोकप्रिय शायर तुफ़ैल चतुर्वेदी

नीला नीला

गौतम राजऋषि

ISBN : 9789389373196

संस्करण : 2020 © गौतम राजऋषि

NEELA NEELA (Poetry) by Gautam Rajrishi

राजपाल एण्ड सन्ज़

1590, मदरसा रोड, कश्मीरी गेट, दिल्ली-110006

फ़ोन : 011-23869812, 23865483, 23867791

e-mail : sales@rajpalpublishing.com

www.rajpalpublishing.com

www.facebook.com/rajpalandsons

मुहब्बत के नाम
मुहब्बत करने वालों के नाम

क्रम

नीला नीला

1

नींद के पन्ने पर जो कुछ है लिक्खा नीला-नीला सा
काले-उजले ख़्वाबों का है क़िस्सा नीला-नीला सा

धूप-गाँव की गोरी-गोरी राजकुमारी की ख़ातिर
चाँद-नगर से आया है शहज़ादा नीला-नीला सा

भूरी-भूरी एक गली का रस्ता तकता रहता है
पीले-पीले घर का वो दरवाज़ा नीला-नीला सा

परबत से टकरा कर बादल को रोते जब देखा तो
ग़ुस्से में क्यों उफ़न रहा है दरिया नीला-नीला सा

लहराता है हरा दुपट्टा उस छज्जे पर अक्सर जब
इस खिड़की में आह भरे है पर्दा नीला-नीला सा

रंग खिले हैं कितने सारे प्रेम-कहानी में, देखो
लाल-गुलाबी सी लड़की है...लड़का नीला-नीला सा

रात सलोनी हाथ छुड़ाकर भाग गयी दिन होते ही
सुबक रहा है अम्बर पर इक तारा नीला-नीला सा

2

ज़िन्दगी से पहले लेंगे ज़िन्दगानी का हिसाब
उम्र से फिर लेंगे हम उम्र-ए-रवानी का हिसाब

है तो अफ़साना मुकम्मल...देखना है ये मगर
कौन सा किरदार माँगेगा कहानी का हिसाब

इश्क़ बूढ़ा हो चला है...अब करेगा और क्या
या करेगा हुस्नगोई या जवानी का हिसाब

कुछ तो आँखों से है टपका...कुछ है सीने में जमा
तुम कहो तो आज दे दूँ पानी-पानी का हिसाब

गर नहीं उल्फ़त तुम्हें तो अपनी नज़रों से कहो
दे दे मेरे दिल को सारी छेड़खानी का हिसाब

रूह सुलझाये तो सुलझे...इस क़दर उलझा है ये
जिस्म पर इक लम्स की नीली निशानी का हिसाब

क़ाफ़िये का जुर्म क्या...देना पड़ेगा आख़िरश
मिसरा-ए-ऊला[1] को ही मिसरा-ए-सानी[2] का हिसाब

---

1. शे'र की पहली पंक्ति 2. शे'र की दूसरी पंक्ति

3

गिरी हैं झील में जो चंद पत्तियाँ चिनार की
सुना रही हैं पानियों को धुन कोई सितार की

नहीं है स्वाद तेरे बिन धुएँ में इसके...आ भी जा
कि ज़िन्दा हो वो ख़ुशबू फिर बुझे हुये सिगार की

उधर है बेरुख़ी की फ़ौज और तन्हा दिल इधर
छिड़ी है जंग 'सौ सुनार की' से 'इक लुहार की'

ये राज़ सबको है पता कि उल्फ़तों की पेशगी
जो तूने दी...हक़ीक़तन है ली हुई उधार की

लरज़-लरज़ सी धड़कनों की धीमी-धीमी थाप पर
सुनो...सुना रहा है दिल कहानी बेक़रार की

अजब-सी इक महक से भर उठा था चौक यक-ब-यक
खुली जो लाल बत्ती पर वो खिड़की नीली कार की

ज़रा हवा ने छेड़खानी की जो भीगी ज़ुल्फ़ से
उठी मचल के बादलों से सिंफनी फुहार की

4

थपेड़े समन्दर के सहता हुआ मैं
किसी सैंड-कैसल[1] सा ढहता हुआ मैं

दीवारों सी फ़ितरत मिली है मुझे भी
कि रह कर भी घर में न रहता हुआ मैं

ये आँखें हैं दरिया...वो आँखें समन्दर
यहाँ से वहाँ तक...हूँ बहता हुआ मैं

नये ज़ख़्म दो अब कि ऊबा हुआ हूँ
पुराने को कब से ही सहता हुआ मैं

धुआँ है या शोला, जो उठता ग़ज़ल से
सुलगती कहानी है...कहता हुआ मैं

---

1. समुद्र के किनारे बनाया रेत का घरौंदा

5

रात फिसली ज़रा जो छप्पर से
चाँद उतरा तड़प के अम्बर से

दिन बिछड़ने का ज्यों क़रीब आया
चीख़ उठने लगी कलेंडर से

शाम फिर रह गई अधूरी सी
फ़ोन फिर आ गया था दफ़्तर से

चंद तारे गिरे थे फूलों पर
इक लपट उठ रही है पत्थर से

रतजगों के सितम से उकता कर
सिलवटें लड़ पड़ी हैं बिस्तर से

जिस्म ने रूह छोड़ दी है वहीं
कल निकलते हुए तेरे घर से

चल सिखायें सबक उदासी को
हम हँसें खुल के...और ये तरसे

6

सीने से धड़कनों की ये हलचल निकाल कर
माज़ी को आ कुचल दें मुसल्सल निकाल कर

अब देखिए कि रूह-नदी सूखती है कब
वो ले गया है जिस्म से बादल निकाल कर

गुलदस्ता हाथ में लिए आया था कल रक़ीब
तो जा रहा हूँ आज मैं...पिस्टल निकाल कर

दीवाने से यूँ हँस के दिल उसका न माँग तू
रख दे न यक-ब-यक कहीं पागल निकाल कर

वो चूमने दे मुझको तो फिर ऐसे चूम लूँ
ले आऊँ उसके गाल का डिंपल निकाल कर

बारिश तो थम गई है...चलो लॉन में चलें
टहलेंगे गीली घास पे चप्पल निकाल कर

ख़ामोश घर चुभा तो मैं ये सोचने लगा
कब उसने रख दी पैर से पायल निकाल कर

7

तसव्वुर,[1] ख़्वाब, उल्फ़त या मुहब्बत से सजा मुझको
मेरे अल्फ़ाज़ को तासीर दे...आ गुनगुना मुझको

जुनूँ सर से फिसल कर दिल में जाने कब उतर आया
कि या अब तू है या कोई नहीं तेरे सिवा मुझको

बिना तेरे अरे ओ देख हूँ टूटा हुआ कैसा
मुझे आ जोड़ दे वापस...गले आकर लगा मुझको

ये जो बिस्तर की सिलवट पर है कोई नाम खुरचा सा
तुम्हारी रात है मुझको...तुम्हारा रतजगा मुझको

निशाँ बाक़ी हैं जितने भी बदन पर लम्स के तेरे
अगर उनको मिटाना है तो ऐसा कर...मिटा मुझको

कोई दरिया मेरी जानिब[2] बढ़ा आता है हर लम्हा
जो अब आओगे तो पाओगे तुम डूबा हुआ मुझको

कहूँ क्या और तुझको मैं...लिखूँ क्या और तुझको मैं
तू मेरी रूह सी मुझको...तू मेरे जिस्म सा मुझको

---

1. ध्यान 2. तरफ़

8

साहिलों पर उदासी रही
इक नदी फिर से प्यासी रही

रात ने नींद पहनी मगर
ख़्वाब की बेलिबासी रही

हुस्न तो खिलखिलाता रहा
इश्क़ पर बदहवासी रही

आज फिर कुछ न कह पाये हम
आज फिर बात बासी रही

कम न हो लम्स[1] की आँच ये
बर्फ़ बस अब ज़रा-सी रही

जिस्म मंदिर हुआ सो हुआ
रूह तो देवदासी रही

ज़िन्दगी यूँ तो अपनी थी, पर
उम्र भर ना-शनासी[2] रही

---

1. स्पर्श 2. अपरिचित

9

तुझे कभी जो तसल्ली से सोचता हूँ मैं
उठे है शोर ये घर में कि लापता हूँ मैं

इस एक लम्हे में सारा जहाँ सिमट आया
तू सामने है मेरे...तुझको देखता हूँ मैं

किताब, शाइरी, सिगरेट, चाय और शराब
तेरे सिवा भी कई रोग पालता हूँ मैं

तुझी से मिलने मेरे पास लोग आते हैं
तुझे पता ही नहीं है...तेरा पता हूँ मैं

नहीं जवाब है तेरे सवाल का कोई
न पूछ मुझसे...तुझे कितना चाहता हूँ मैं

जुबाँ से बोल या मत बोल तू...यही सच है
तुझे भी मुझसे मुहब्बत है...जानता हूँ मैं

ये फ़ैसला तो तेरे दिल को ही है करना अब
कि कोई सच हूँ मैं या बस मुग़ालता[1] हूँ मैं

न जाने किस लिये उम्मीद पाले बैठा हूँ
कि जब तेरी कोई मंज़िल न रास्ता हूँ मैं

शिकायतों से तेरी हैं शिकायतें न कोई
गिला है गर तू सरापा[2]...तो हाँ, ख़ता हूँ मैं

---

1. धोखा 2. सर से पाँव तक

10

चलो, ज़िद है तुम्हारी फिर, तो लो मेरा पता लिक्खो
गली दीवाने की और नाम...वो...हाँ! सरफिरा लिक्खो

उदासी के ही क़िस्सों को रक़म[1] करने से क्या हासिल
अब आँखो बाज़ भी आओ...न सब दिल का कहा लिक्खो

मैं आऊँगा! बदन पर आँधियाँ ओढ़े भी आऊँगा!
सुनो मंज़िल मेरी तुम तो हवा पर रास्ता लिक्खो

मुहब्बत बोर करती है...तो आओ गेम इक खेलें
इधर मैं अक्स लिखता हूँ...उधर तुम आईना लिक्खो

दहकता है...सुलगता है...ये सूरज रोज़ जलता है
अरे ओ आस्माँ! इसको कभी तो चाँद सा लिक्खो

ये मोबाइल के संदेशों से मेरा जी नहीं भरता
मेरी जानाँ! कभी एकाध ख़त ख़ुशबू भरा लिक्खो

वही चलना हवाओं का...वही बुझना चराग़ों का
बराये मेहबानी, शायरो! कुछ तो नया लिक्खो

---

1. लिखना

11

बे-मौसम सा बे-मौसम दिल मौसम-मौसम बैठा है
धड़कन-धड़कन ज़ख़्म लगा कर मरहम-मरहम बैठा है

रूह-रूह में कोई उदासी...लेकिन जिस्म ये बेचारा
भीगी-भीगी ख़्वाहिश लेकर शबनम-शबनम बैठा है

दीवाने की आह उठी है...दीवाने की क़द्र करो
सप्तम का आलाप लिये है...सरगम-सरगम बैठा है

इश्क़ पे दुश्वारी-दुश्वारी[1]...काँटें-काँटें चारों ओर
हुस्न तो नाज़ुक-नाज़ुक ठहरा...रेशम-रेशम बैठा है

कमरे से तस्वीर हटा कर रख तो दी, पर इसका क्या
यादों की अलमारी में वो अल्बम-अल्बम बैठा है

काली-काली रातें कितनी बीती हैं, तब अम्बर को
गोल-गोल सा चाँद हुआ है...पूनम-पूनम बैठा है

कूचा-कूचा रुसवाई थी...जोगी करता भी तो क्या
गंगा-जमुना पलकों पर ले संगम-संगम बैठा है

साँस-साँस की दूरी नहीं थी इतनी...फिर भी जाने क्यों
सीने से लगते-लगते वो बेदम-बेदम बैठा है

घर-घर कितनी यशोधरायें राह तके गुमसुम-गुमसुम
बरगद-बरगद लीन समाधी गौतम-गौतम बैठा है

---

1. मुश्किल

12

बिना तुम्हारे ये कैसा उदास बैठा है
चले भी आओ...दीवाना उदास बैठा है

हटा के देख लिये सारे पर्दे खिड़की के
मगर अभी भी ये कमरा उदास बैठा है

तुम्हारे बाद न जाने है कैसा आलम ये
कि मेरे पास जो बैठा...उदास बैठा है

उदासी ने तो छुआ था बस एक उस 'दिन' को
मगर ये सारा 'महीना' उदास बैठा है

सुकून रूह को हासिल तो हो गया, लेकिन
बदन का क्या...ये बिचारा उदास बैठा है

कहाँ से आ मिला गुमसुम सा एक मिसरा ये
कि अब ख़ुशी का फ़साना उदास बैठा है

न आती नींद...न तुम ही कहीं से आती हो
इधर ये रतजगा तन्हा उदास बैठा है

अरे, मैं तो हूँ बहुत ख़ुश...मगर ये दिल कमबख़्त
न जाने किस लिये इतना उदास बैठा है

13

ख़ुशबुओं ने उठा लिया है मुझे
गिरा रूमाल इक मिला है मुझे

चुप खड़ी रह गई है साँस मेरी
उसने नज़रों से कस लिया है मुझे

बस तुम्हें...? बस तुम्हें ही सोचूँ मैं?
इश्क़ इतना नहीं हुआ है मुझे

ताक़ पर से वो कार्ड शादी का
रात भर रोज़ घूरता है मुझे

चाहूँ रहना सजा-धजा हरदम
ऐसे कैसे वो देखता है मुझे?

ओऽह! सिगरेट तो फ़रेब है बस
अस्ल में...तेरा ही नशा है मुझे

ओऽय 'गौतम'! वो तुझ पे मरती है!
हाँ...पता है! अरे...पता है मुझे!

14

आज क्यों हलचल गली की बंद है
अच्छा! तो वो नीली खिड़की बंद है

बच्चे की दौलत है...शीशी बंद है
एक जुगनू...एक तितली बंद है

अब उसे मैं याद आता हूँ नहीं
एक मुद्दत से जो हिचकी बंद है

एक तो कमबख़्त यादों की तपिश
और ऊपर से ये एसी बंद है

बंद है सिगरेट तेरी...खा कसम
हाँ कसम से...बंद है जी, बंद है

हमने भी उम्मीद अब तो छोड़ दी
फ़ेसबुक पर वो भी दिखनी बंद है

क्या अजब साजिश उदासी ने बुनी
अब ख़ुशी का हुक्का-पानी बंद है

चाँद छत पर किस तरह आये भला
शाम से छज्जे की सीढ़ी बंद है

हाँ, किताबे-इश्क़ है...बस...बस वही
है खुली थोड़ी...जो थोड़ी बंद है

15

तुम्हारे साथ की ये चाय ताज़ा चुस्कियों वाली
हुई ये ज़िन्दगी ज्यों शाम ठंडी कुल्फ़ियों वाली

खिली-सी धूप में भी बज उठी बरसात की रुनझुन
उड़ी जब ओढ़नी वो छोटी-छोटी घंटियों वाली

बिखेरो रंग थोड़े और तो इस रात पर जानाँ
सुनाओ ना ज़रा फिर से कहानी तितलियों वाली

गली तो कब की छूटी...याद अब भी आती है लेकिन
वो जो दीवार थी कोने में नीली खिड़कियों वाली

भरे-पूरे से घर में तब से ही तन्हा हुआ हूँ मैं
गुमी है पोटली जब से पुरानी चिट्ठियों वाली

विदा कहना तो वैसे भी कहाँ आसान था इतना
कलेजे में उतरती हूक उस पर सिसकियों वाली

दुआओं का हमारी हाल होता है सदा ऐसा
कि जैसे लापता फ़ाइल हो कोई अर्ज़ियों वाली

16

कुछ देर कुछ न बोल...परेशान कर ज़रा
ऐ इश्क़ आज हुस्न को हैरान कर ज़रा

सुन! हो गई है मुझसे मुहब्बत तुझे अगर
महफ़िल में एक बार तो ऐलान कर ज़रा

जा, ले जा अपनी याद को अपने ही साथ तू
वीराने को अब और भी वीरान कर ज़रा

ये दूर दूर दूरियाँ...आ जा, अब आ क़रीब
मुश्किल हुई ये ज़िन्दगी...आसान कर ज़रा

छूने दे...चूम लेने दे मुझको तेरा बदन
अहसान कर ज़रा...अरे नादान! कर ज़रा

लिपटी हुई है नींद मेरी तेरे ख़्वाब से
अब रतजगे का कोई तो सामान कर ज़रा

अच्छी लगेंगी तुझको भी तन्हाईयाँ मेरी
आ...अपनी महफ़िलें कभी क़ुरबान कर ज़रा

17

वो एक ख़्वाब कहीं जो छुपा-वुपा सा था
निकल के आया तो कैसा खिला-विला सा था

नहीं रहा वो मेरा तो गिला नहीं कुछ भी
कि जब तलक था मेरा...मैं ख़ुदा-वुदा सा था

बदन में फैल गया तुझ-नज़र के पड़ते ही
वो एक दर्द जो पहले दबा-वबा सा था

'जवाब ख़त का कहाँ है?' ये सुन के बोला वो
लिखा तो उस पे तेरा ही पता-वता सा था

तमाम शिकवे मेरे उन तलक जो पहुँचे तो
ख़बर मिली कि उन्हें भी गिला-विला सा था

न पूछ हाल मेरे दिल का अब के बारिश में
है बरसा टूट के...कब से भरा-वरा सा था

तुम्हारे लम्स की लौ से है जगमगाया फिर
चराग़ जिस्म का जो कुछ बुझा-वुझा सा था

बस इतनी सी ही ख़ुशी में ये उम्र गुज़रेगी
कि जाते-जाते गले वो लगा-वगा सा था

18

अधूरा है बचा क़िस्सा...फ़साना है ज़रा सा और
किसी दिन फिर कभी आओ, सुनाना है ज़रा सा और

वही आकर चले जाना...वही मुश्किल से फिर आना
न जाना तो नहीं होता...न आना है ज़रा सा और

इधर दफ़्तर में टेबल पर पड़ी हैं फ़ाइलें कितनी
उधर रूठी है अब तक वो...मनाना है ज़रा सा और

खुले हैं वो अभी थोड़ा...अभी थोड़ा सा बस मुझसे
नहीं पर दूर है मंज़िल...रिझाना है ज़रा सा और

तुम्हारे हिज्र[1] का मौसम बड़ा कमबख़्त है, लेकिन
मुहब्बत ने तो, मेरी जान, ठाना है ज़रा सा और

बड़ी मुश्किल से ये इक शाम आयी है...सुनो लम्हो!
थमे रहना, गले उसको लगाना है ज़रा सा और

अभी आकर मेरे पहलू में बैठे हैं...अभी उनको
ज़रा सा और कुछ नज़दीक लाना है...ज़रा सा और

---

1. जुदाई

19

एक भी कॉल न मैसेज ही...हुआ क्या मुझसे
इस तरह से तो नहीं वो कभी रूठा मुझसे

सुन! ज़रा ग़ौर से सुन...अब न सहा जाये और
या तो हाँ कह दे या फिर छोड़ दे मिलना मुझसे

मुद्दतों बाद नज़र आये हो...अच्छे तो हो?
आज तेरी गली ने रोक के पूछा मुझसे

कम से कम इतना बता दो कि निभाओगे सही
वो जो कॉफ़ी का किया था कभी वादा मुझसे

साथ चलता हूँ मैं जब तेरे...तो ये लगता है
शह भर में न हसीं कोई ज़ियादा मुझसे

छोड़ कर तुमको, कसम से, न कभी जाऊँगी
याद है ना तुझे...ये किसने कहा था मुझसे

आँसुओ! हो गया, अब रहने दो...रहने भी दो
और देखा नहीं जाता मेरा रोना मुझसे

20

आहट-आहट, दस्तक-दस्तक... चौकस-चौकस रहता है
आते-आते आयेगी वो, दिल क्यों नर्वस रहता है

हुस्न की तानाशाही की है कितनी दहशत-वहशत उफ़
सहमा-सहमा इश्क़ बिचारा बेबस-बेबस रहता है

उसकी यादें रिंग-मास्टर...धड़कन दिखलाये करतब
अपने सीने में भी यारों कोई सर्कस रहता है

दुखता है ख़ामोश रहूँ गर...बोलूँ तो लगता है डर
इतना क्यों कमबख़्त मुहब्बत में असमंजस रहता है

तेरी धुन ही गुनगुन करती...कैसी है ये ज़िद्दी धुन
लम्हा-लम्हा साथ हमारे कैसा कोरस रहता है

डाँट इसे, फटकार इसे, चाहे कितना दुत्कार इसे
दीवाना...तेरा दीवाना तो जस का तस रहता है

आँखें तो आँखें हैं...जो दिखता है देखेंगी, लेकिन
जान मेरी सुन! तुझ पर ही बस सारा फोकस रहता है

धुली-धुली सी ऐसे कैसे हरदम ही तुम रहती हो
सुनकर उसके होठों पर ''रहने दो...बस बस'' रहता है

हाथ पकड़ ले जब वो...अच्छा...गले लगा ले तो बेहतर
लेकिन चूम ले जब वो हमको...फिर तो बोनस रहता है

21

जब भी सोचूँ...मुझको थोड़ा मुस्कुराना चाहिये
बस तभी दिल को उदासी का बहाना चाहिये

देख कर तस्वीर उसकी दिल में आता है ख़याल
भींच कर उसको गले से बस लगाना चाहिये

सुब्ह से ही हाथ पकड़े साथ थे हम शाम तक
हाँ वही, फिर से वही, वो दिन जो था ना...चाहिये

ख़ूबसूरत है बहुत तेरा नया ये टॉप, पर
मेरी आँखों को वही कुर्ता पुराना चाहिये

है ये दीवाने की ज़िद...हाँ, ज़िद है...ज़िद है अब इसे
तू मिले तो ठीक है...वरना ज़माना चाहिये

और कब तक चुप रहूँ मैं...सुन ऐ लड़की अब तो बस
तेरा नंबर चाहिये...तेरा ठिकाना चाहिये

हँस रहा है...जाने किस मिट्टी का है ये दिल बना
चोट तो ऐसी लगी है...तिलमिलाना चाहिये

रूठ कर इतने दिनों तक वो कभी बैठा नहीं
हो गया हफ़्ता...उसे अब लौट आना चाहिये

थक गई है 'रात' ये आवाज़ दे-दे कर उसे
वो नहीं आयेगा अब 'दिन' को बुलाना चाहिये

22

ख़बर मिली है जब से ये कि उनको हमसे प्यार है
नशे में तब से चाँद है...सितारों पर ख़ुमार है

भरी-भरी निगाह से ये देखना तेरा हमें
नसों में जैसे धीमे-धीमे बज रहा गिटार है

किया है रतजगों ने ख़ूब शोर चीख़-चीख़ कर
लहूलुहान नींद हाय ख़्वाब की शिकार है

मकाँ की एक खिड़की की वो धड़कनें बढ़ा गई
अभी-अभी जो पोर्टिको में आयी नीली कार है

वो कब की सैर कर के जा चुकी शिकारे से, मगर
न जाने क्यों अभी भी डल में चुप खड़ा चिनार है

तपिश है बीते वस्ल[1] की...या है असर ये हिज्र का
कि रात के बदन पे इक सौ चार का बुख़ार है

जो मॉनसून अब के इस तरफ़ न आए...ग़म नहीं
तेरी हँसी ही मेरे वास्ते हसीं फ़ुहार है

---

1. मिलन

23

ज़ियादा तो कभी कम-कम हुआ हूँ
हमेशा ख़ुद से ही बरहम हुआ हूँ

तेरे गालों की सुर्ख़ी से खिला जो
वही, हाँ मैं वही मौसम हुआ हूँ

ये जो होने न होने की है उलझन
इसी से ही तो यूँ बेदम हुआ हूँ

ख़ुशी की बेलिबासी इस क़दर थी
कि उकता कर लिबासे-ग़म हुआ हूँ

तेरे सरगम के ख़्वाबों से लिपट कर
मैं पंचम से ज़रा सप्तम हुआ हूँ

कुरेदा टीस ने ज़ख़्मों को इतना
सरापा[1] ख़ुद ही अब मरहम हुआ हूँ

हवा फ़ुरकत[2] की ऐसी चल रही है
उदासी का बड़ा परचम हुआ हूँ

सुलगती धूप ले कर हुस्न आया
संभाले इश्क़ मैं शबनम हुआ हूँ

नहीं...घर तो नहीं छोड़ा है मैंने
कहो तुम ही कि क्यों गौतम हुआ हूँ

---

1. सर से पाँव तक 2. वियोग

24

सुनो ऐसे न रूठो तुम कि ये मौसम सुलग उट्ठे
जले ये रात सारी...चाँदनी पूनम सुलग उट्ठे

ज़रा देखो तो कैसे जल रही है शाम ये तुम बिन
तरस खाओ, कहीं ऐसा न हो...शबनम[1] सुलग उट्ठे

गए हो छोड़ के जब से...मेरा हर ज़ख्म सिहरे है
ज़रा बाँहों में भर लो अब कि ये मरहम सुलग उट्ठे

हुआ अरसा...सुने लरज़िश[2] तेरी आवाज़ में जो है
सुना दे एक वो गुनगुन कि अब सरगम सुलग उट्ठे

तपिश बढ़ती ही जाये है...तुम्हें जब तक ख़बर होगी
वजूद अपना कहीं इक दिन न ये इकदम सुलग उट्ठे

वही हूँ मैं, वही तो हूँ...तुम्हारा बस तुम्हारा हूँ
चलो अब मुस्कुरा भी दो कि ये आलम सुलग उट्ठे

तड़पता है, ठिठुरता है, सिहरता है...वो तेरे बिन
गले उसको लगा ले अब...तेरा 'गौतम' सुलग उट्ठे

---

1. ओस 2. कंपकंपी

25

झुलसते चाँद की सारी जलन उठा लाया
मैं चाँदनी का सुलगता बदन उठा लाया

सँवारती ही रही 'रात' अपनी जुल्फें...और
चिढ़ा-चिढ़ा सा दिन उसका 'रिबन' उठा लाया

गले लगाया था बस एक बार उसने मुझे
ये जिस्म ज़िन्दगी भर की चुभन उठा लाया

थीं टूटी चूड़ियाँ...माला भी एक टूटी थी
मगर मैं कुर्ती का टूटा बटन उठा लाया

हँसी भरी थी मुहब्बत की झोली में यूँ तो
न जाने कैसे ये दिल बस घुटन उठा लाया

उधर वो हुस्न कि तितली सा उड़ता फिरता है
इधर ये इश्क़ युगों की थकन उठा लाया

उदास और परेशान रहता है हरदम
वजूद मेरा कहाँ से ये मन उठा लाया

थे सिलवटों से जो मिसरे ग़ज़ल के माथे पर
बस एक क़ाफ़िया[1] सारी शिकन उठा लाया

---

1. तुक

26

कहता रहता है वो मुझसे क़िस्सा ठहरा-ठहरा सा
ख़्वाब-ग़ज़ीदा[1] आँखों में इक चेहरा ठहरा-ठहरा सा

जब से मुझको देखा तुमने...तब से ऐसा होता है
देखे मुझे हर कोई आता-जाता ठहरा-ठहरा सा

धरती थोड़ी डोल रही थी...काँप रहा था अम्बर भी
मेरे होठों पर था उसका बोसा ठहरा-ठहरा सा

हाल मेरा उसने तो रस्मन पूछा था, लेकिन तब से
हाल है ऐसा...मैं हूँ चलता-फिरता ठहरा-ठहरा सा

बहते-बहते भी करता है अपनी मुहब्बत का ऐलान
साहिल[2] के हर पत्थर पर ये दरिया ठहरा-ठहरा सा

छूने दे! उफ़...छू लेने दे! इन हाथों को तेरा बदन
छोड़ हया...है आलम तन्हाई का ठहरा-ठहरा सा

दिन की बोझिल पलकों पर क्यूँ सुब्ह से आकर बैठा है
बीती रात का वस्ल में लिपटा टुकड़ा ठहरा-ठहरा सा

आधी शब[3] थी, बल्ब बुझा था, बेड पर थीं कुछ तस्वीरें
खाली थी सिगरेट की डिब्बी...धुआँ था ठहरा-ठहरा सा

शोर मचाते इन मिसरों में गौर से देखो...पाओगे
माज़ी का इक गुमसुम-गुमसुम लम्हा ठहरा-ठहरा सा

---

1. ख़्वाब का डसा हुआ 2. किनारा 3. रात

27

ये सही है कि तू ज़िन्दगी तो नहीं
कौन है बिन तेरे? कोई भी तो नहीं

रतजगे आख़िरशः खुल के कहने लगे
ख़्वाब पर मिल्कियत नींद की तो नहीं

कुछ चुभा और चुभता रहा रात भर
तेरे माथे की बिन्दी ही थी तो नहीं

थाम कर चूमना है तुझे देर तक
सुन! ये ख़्वाहिश है इतनी बड़ी तो नहीं

याद मेरी न आती कभी अब उसे
हो न हो...ये मेरी ही कमी तो नहीं

खिलखिलाने लगी है उदासी ज़रा
की है तन्हाई ने दिल्लगी तो नहीं

कब से खाली पड़ा फ़्रेम ये कह रहा
एक फ़ोटो है अब लाज़मी तो नहीं

कोई मिस कॉल आया था अनजान सा
दिल को क्यों लग रहा...ये वही तो नहीं

यार सुन! वो जो पीछे मेरे है खड़ी
देख तो...वो मुझे देखती तो नहीं!

28

तेज़ हवा के इक झोंके ने जब बादल का नाम लिखा
धरती के सीने पर बारिश ने पायल का नाम लिखा

रेत के टीले थे...इक सहरा था अच्छा आबाद यहाँ
सीने पर क्यों तूने यादों के जंगल का नाम लिखा

मैं तो यूँ ही सोच रहा था तुझको बैठा कमरे में
घर के दर-दीवारों पर किसने संदल[1] का नाम लिखा

चुप-चुप बहते दरिया से उकता कर ज़िद्दी लहरों ने
बेबस साहिल के हर टुकड़े पर हलचल का नाम लिखा

तेरी गोरी रंगत से जलती दुनिया को छाँव मिली
पलकों की कोरों पर तू ने जब काजल का नाम लिखा

हिज्र की शब ने शब भर तन्हाई की दीवारों पर क्यों
वस्ल[2] की भीगी-भीगी रातों के हर पल का नाम लिखा

आते-जाते अपनी गली में एक नज़र तो देखा कर
चप्पे-चप्पे पर है आख़िर किस पागल का नाम लिखा

---

1. चंदन 2. मिलन

29

बंद दरवाज़े थे...लेकिन इक खुली खिड़की मिली
मुद्दतों के बाद आख़िर फिर झलक उसकी मिली

जिस्म से तो लम्स सारे ही खुरच डाले...मगर
रूह की तलहटियों में इक छुअन ठिठकी मिली

और फिर सूरज छिपा फिरता रहा सारा ही दिन
रात की नीली चुनर जब चाँद पर अटकी मिली

इस मुहब्बत की कहानी से मिला दोनों को क्या
किसके हिस्से याद आई और किसे हिचकी मिली

एक टुकड़ा बेकली[1] का आ गिरा इसमें तो फिर
नींद की प्याली ज़रा-सा ख़्वाब पर छलकी मिली

उम्र गुज़री और अब कितना संभालूँ उफ़ इसे
ज़िन्दगी जब भी मिली कमबख़्त ये बहकी मिली

क़ाफ़ियों की बस्तियाँ सारी खंगाली रात-दिन
तब कहीं इस सिरफिरे मिसरे को इक लड़की मिली

---

1. बेचैनी

30

किसी भी न मंज़िल पे रुकते हुए हम
चले जा रहे हैं कि रस्ते हुए हम

मुहब्बत की सारी सजावट हमीं से
मुहब्बत से बनते-बिगड़ते हुए हम

उधर आस्माँ में उतरता हुआ चाँद
इधर उनके ज़ीने पे चढ़ते हुए हम

फिर अपना बदन मानो तीरथ पे निकला
फिर उनके बदन से लिपटते हुए हम

उधेड़ा है जिस ख़्वाब को दिन में हमने
उसी ख़्वाब को शब में बुनते हुए हम

दिनों बाद उन्होंने गले से लगाया
दिनों बाद जल कर झुलसते हुए हम

उदासी ने फिर ख़ूब धमकाया हमको
कि महफ़िल में बैठे थे हँसते हुए हम

31

उफ़ ये कैसी कशिश! बेबसी? हाँ वही!
बेख़ुदी? बेक़सी? हाँ वही! हाँ वही!

करवटों ने सुनी फिर कहानी कोई
रतजगों से जो लिक्खी गई? हाँ वही!

एक सिगरेट-सी दिल में सुलगी कसक
अधजली, अधबुझी, अधफुकी? हाँ वही!

फ़ोन पर बात तो होती है ख़ूब यूँ
तिशनगी[1] फ़ोन से कब बुझी? हाँ वही!

नींद बेचैन-बेचैन सी रहती है
ख़्वाब ने फिर से की दिल्लगी? हाँ वही!

सच बता! तू उसी पर ही मरता है ना!
वो जो रेड टॉप में है खड़ी? हाँ वही!

ज़िन्दगी जैसे हो इक अधूरी ग़ज़ल
काफ़ियों में ही उलझी हुई? हाँ वही!

---

1. प्यास, अभिलाषा

32

सुबुक उदासी टुक सी याद
लम्हा-लम्हा   तेरे   बाद

इश्क़ है सहमा-सहमा सा
हुस्न के करतब...ज़िन्दाबाद

लहू लगा है मुँह को यूँ
उफ़...तेरे होंठों का स्वाद

तुम आओ या मत आओ
हम बर्बाद अब...हम बर्बाद

शीरी के लब पर 'गौतम' है
तेरा क्या होगा फ़रहाद!

33

ये इशारे और हैं...यह मुँह-जुबानी और है
दर हक़ीक़त मेरी-तेरी तो कहानी और है

अश्क़, आहें, बेबसी, वहशत[1], ख़ुमारी...कुछ नहीं
और है, यारो! मुहब्बत की निशानी और है

तुमने बस देखा वही पलकों से जो टपका अभी
जो न छलका, जान मेरी...वो तो पानी और है

पास बैठे लम्हे भर...फिर गाल छू कर चल दिए
ये सितम कुछ और है...ये मेहरबानी और है

अपनी वुसअत[2] पर समन्दर चाहे इतरा ले...मगर
पूछ लो साहिल से दरिया की रवानी और है

हाँ ये माना जा चुका वो, अब ख़िज़ां का वक़्त है
आयेगा वो आयेगा...इक रुत सुहानी और है

नाक पर मोटा सा चश्मा...कुछ सफ़ेदी बाल में
हाँ मगर तस्वीर अलबम में पुरानी और है

इक चमेली से महकता है तो घर सारा...मगर
रोज़ ख़्वाबों में सुलगती रातरानी और है

---

1. डर 2. सामर्थ्य, विस्तार

34

वही इक बात जो उस रात की उलझी हुई सी है
सिमट कर भी मेरी ग़ज़लों में वो बिखरी हुई सी है

यक़ीं मानो मेरी जानाँ तुम्हारी और मेरी भी
कहानी कोई इक झिलमिल कहीं लिक्खी हुई सी है

रुको, रुक जाओ भी! शायद मैं उसको याद आया हूँ
ज़रा ठहरो मेरे यारो...मुझे हिचकी हुई सी है

नहीं सिहरन है सर्दी में...तपिश कम-कम है गर्मी में
तुम्हारे बाद की बारिश भी कुछ सूखी हुई सी है

हुआ अरसा नहीं बुझती...बुझाने से भी ये कमबख़्त
तुम्हारी याद की सिगरेट जो सुलगी हुई सी है

पलट कर देखती आँखों में थी जाने नमी कैसी
बस ओझल हो गयी...लेकिन सड़क भीगी हुई सी है

नहीं है तू, मगर फिर भी यहीं है तू...यहीं है तू
हवा, ख़ुशबू, घटा, मौसम ये सब तू ही हुई सी है

अरे सब ठीक है...सब ठीक है तेरे बिना लेकिन
ज़रा-सा बस मुई ये ज़िन्दगी रूठी हुई सी है

35

उनको भी इंतज़ार कराया है शाम से
बस काम था हमें तो ज़रा इंतक़ाम[1] से

जब धूप तेज़ हो गई तेरे फ़िराक़ की
हम भी उतर के आ गये उल्फ़त के बाम[2] से

पड़ता है अब न फ़र्क उदासी को इक ज़रा
आती है यूँ तो याद तेरी...ताम-झाम से

बस मुख़्तसर सी दिल की कहानी है इश्क़ में
पहले उठा संभल के...गिरा फिर धड़ाम से

देते हैं अब हमें वो जवानी का वास्ता
कहते हैं...''मत पुकारिए बचपन के नाम से''

यारों से कल वो पूछ रहे थे हमारा हाल
महफ़िल जमेगी आज बड़े धूम-धाम से

कब राब्ते का सिलसिला आगे बढ़ेगा और
मिलता नहीं सुकून दुआ और सलाम से

---

1. बदला 2. छत

36

ऐसा-वैसा-कैसा...चाहे जिसका आना-जाना हो
याद गली का हर अ़फ़साना तेरा ही अफ़साना हो

चंद उचक्के ख़्वाबों के तेवर क्या पूछो, हो! साहिब
आँख तेरे रात खड़ी, हो! सुब्ह भी देती ताना, हो!

आते-आते थम सी गई है...आयेगी फिर आयेगी
हिचकी-हिचकी यादों का भी इक तो ठौर-ठिकाना हो

इश्क़ में कैसा सौदा जानाँ...हाथ तेरा जब थाम लिया
थाम लिया तो थाम लिया अब बेशक जो हर्जाना हो

शोर मचाये रह-रह धड़कन हूक उठाये मौसम भी
उस पर कमरे की तन्हाई का भी जो चिल्लाना हो

इश्क़ फिरे है बौराया-सा आवारा-सा राहों में
हुस्न बिछाये जब भी उस पर अपना ताना-बाना, हो!

एक लफंगे लफ़्ज़ ने मिसरा-ए-ऊला को छेड़ा जब
सानी पर फिर छाई मस्ती...शेर हुआ दीवाना, हो!

37

कमबख़्त जिस्म रात का ज़ख़्मों से भर गया
इक ख़्वाब था...जो नींद को यूँ नोच कर गया

अब उम्र तो ये बीत चली सोचते तुम्हें
इतना हुआ है हाँ कि ज़रा मैं सँवर गया

सिमटा था जब तलक वो हथेली में...ठीक था
आकर लबों पे लम्स रगों में बिखर गया

यूँ तो दहक रहा था वो सूरज-सा दूर से
जो पास जा के छू लिया...कैसा सिहर गया

देखूँ तुझे क़रीब से, फ़ुरसत से, चैन से
मेरा ये ख़्वाब मुझको लिये दर-ब-दर गया

इक रोज़ ले लिया जो तेरा नाम राह में
चलता हुआ ये शह अचानक ठहर गया

मिसरा सिसक रहा था अकेला जो देर से
याद उसकी आ गयी तो ग़ज़ल में उतर गया

38

मैं तो तेरे लिये बना था ना!
सच है गर ? तो न छोड़ना था ना!

चुप से हो ! उस गली गये थे तुम ?
जाने से पहले पूछना था ना!

काट खाये थे उन लबों को हम
पहला बोसा था...बचपना था ना!

जिस्म क्या रूह तक जलेगी मियाँ
ये मुहब्बत है...सोचना था ना!

फिर से रूठे वो...तो मनाया नहीं
मन ये मेरा भी अनमना था ना!

खेलना ही था मेरे दिल से तो
खेलना था!...न तोड़ना था ना!

जो भी देखा...दिखा दिया उसने
आईना फिर तो आईना था ना

39

जो कहा...जो भी कहा, आधा-अधूरा रह गया
बात पूरी हो गयी...क़िस्सा अधूरा रह गया

कहने को तो कह दिया था कहना था जो कहने को
कहने को फिर भी मगर कहना अधूरा रह गया

देखना देखा जो उनका आईने में एक रोज़
अक्स यूँ बिछड़ा कि आईना अधूरा रह गया

सोचे थे...उनको न सोचेंगे, लिखेंगे जब ग़ज़ल
याद फिर वो आ गये...मिसरा अधूरा रह गया

मंज़िलों की ख़्वाहिशों के पूछ मत ज़ुल्मो-सितम
हर सफ़र आधा रहा...रस्ता अधूरा रह गया

क़ायदे से तो मुकम्मल होनी थी दीवानगी
लम्स था ऐसा कि दीवाना अधूरा रह गया

ऐ सुनो, ऐसे न जाओ...बात पूरी कर तो लो
सो न पाओगे, अगर झगड़ा अधूरा रह गया

40

मत मान तू बुरा कि फ़साने की बात थी
तेरी नहीं, अरे! ये ज़माने की बात थी

लम्हा तो ये जुदाई का होता कुछ और...हाँ
इक बार बस गले से लगाने की बात थी

फिर नींद को तो नींद ही आयी न रात भर
ख़्वाबों में एक ख़्वाब के आने की बात थी

बैठे थे रास्ते में तेरे मुद्तों से हम
वादा था कोई...वादा निभाने की बात थी

कहता था तेरा साथ न छोड़ूँगा उम्र भर
दीवाना था वो एक...दीवाने की बात थी

लो...चैन-वैन सारा का सारा ही गुम हुआ
उनके लबों पे आज फ़लाने की बात थी

ऐसा भी क्या कहा कि यूँ रूठे हुए हो तुम
शिकवा कहाँ था...हँसने-हँसाने की बात थी

इक छेड़ थी, मज़ाक था या जुमला था कोई?
थी बात या कि...बात बनाने की बात थी?

कहने को चाँद-वाँद तुझे हम भी कहते, पर
इक आस्माँ भी और सजाने की बात थी

41

नयी-नयी तारीख़ें चढ़ती जाती हैं कैलेंडर में
यादों के सब पत्थर घिसते जायें दिल के बंकर में

रात गये पढ़ता रहता हूँ मैसेंजर के सन्नाटे
तेरी ख़ामोशी सुनता हूँ मोबाइल के स्पीकर में

लड़की ने लड़के के हाथों को हौले से भींच लिया
जैसे ही हीरो ने हीरोइन को चूमा पिक्चर में

आज ही आना था उसको भी मेरी गली में सज-धज कर
जाने क्या आंसर लिक्खूँगा मैं कल वाले पेपर में

कितनी गर्म सी चुप्पी है ये आज दरमियाँ दोनों के
कुल्फ़ी प्लेट में पिघली जाये और चॉकलेट रैपर में

कॉल नहीं वो मेरा उठाये...ऐसा हो सकता है क्या ?
कुछ सिग्नल की मुश्किल होगी शायद उसके नंबर में

तुम हो जब आँखों में मेरे...और किसी को देखूँगा ?
ऐसा नहीं होता है जानाँ दीवानों के कल्चर में

कुछ नीले मोती...इक टूटा सा लॉकेट फ़ोटो वाला
मेरी मौत के बाद मिला है घर वालों को लॉकर में

राहे-इश्क़ पे चलो संभल कर...मंज़िल है दुश्वार ज़रा
लिक्खा देखा था इक दिन ये सड़क किनारे बैनर में

42

अपने पहलू में जगह गर वो ज़रा सी देंगे
चाँद-सूरज भी हमें झुक के सलामी देंगे

है मुहब्बत की क़सम...हम से तेरे दीवाने
सामने हों न हों, ख़्वाबों में दिखायी देंगे

जश्न हो ख़त्म ज़रा क़त्ल का मेरे, तो फिर
चल के कुछ यार भी क़ातिल की गवाही देंगे

इक न इक दिन तेरे इन उजले से गालों पर हम
देखना...रंग   नये   लाल-गुलाबी   देंगे

रतजगे चुप ही रहेंगे या कहेंगे भी तो
नींद के नाम पे ख़्वाबों की दुहाई देंगे

वो...जिन्हें तुमने पलट कर भी न देखा है कभी
हाँ...वही लोग सुनाने को कहानी देंगे

बस यही सोच के महफ़िल में चले आए हैं
एक-दो दाद वो ग़ज़लों पे हमारी देंगे

43

मुहब्बत की ज़ुबाँ तेरी ज़ुबाँ...मेरी ज़ुबाँ भी है
ज़मीं है तेरी-मेरी...तेरा-मेरा आस्माँ भी है

नहीं बस बात है बाक़ी...नहीं बस याद है बाक़ी
बदन पर, सुन! तेरे इक लम्स का बाक़ी निशाँ भी है

ज़रा सा सब्र कर ऐ दिल...वो बस आते ही होंगे अब
तुझे है बेकसी,[1] तो बेबसी कोई वहाँ भी है

सुलगती धूप में भी चाँद उग जाए कभी जैसे
कुछ ऐसा राब्ता सा उसके मेरे दरम्याँ भी है

वो आये हैं गली मेरे, मगर कैसे मिलूँ उन से
है खाली जेब और कॉलिज में कल ही इम्तिहाँ भी है

वो बेचैनी सी कुछ सीने में...हाँ, वो इक ख़लिश सी कुछ
जिसे सुन कर मैं हँसता था...वही कुछ अब यहाँ भी है

कहा किसने कहो तुमसे कि है ये खेल लफ़्ज़ों का
इन्हीं शेरों में प्यारे इक मुकम्मल दास्ताँ भी है

---

1. तकलीफ़

44

नाम सबका ही लिया बस नाम मेरा छोड़ कर
क्या से क्या कहता रहा वो अस्ल क़िस्सा छोड़ कर

है अजब हुज्जत उसे क़िस्सा मुकम्मल होने से
फिर चला जायेगा वो मुझको अधूरा छोड़ कर

रेंगता रहता है हर शब बिस्तरे पर इर्द-गिर्द
रतजगा भटका हुआ ख़्वाबों का रस्ता छोड़ कर

ख़्वाहिशें मसली हुईं...उम्मीद सब कुचली हुई
जा तुझे जाना ही है...सब छोड़ कर जा छोड़ कर

इस क़दर थी धार पैनी इक नुकीले लम्स की
रूह तक पहुँचा वो सीधा जिस्म सारा छोड़ कर

एक ज़िद्दी सी उदासी कब से है चिपकी हुई
तुम जो आओ तो ये जाये मेरा पीछा छोड़ कर

आयी जब वो चौक पर...सब देखते ही रह गए
चाय पीना छोड़ कर...सिगरेट पीना छोड़ कर

पानियों की ही ख़ता थी, पानियों का था क़ुसूर
फिर गया साहिल भला क्यूँ दूर दरिया छोड़ कर

उम्र की पेचीदगी में छटपटाती ज़िन्दगी
चल पड़ेगी एक दिन सब दीन-दुनिया छोड़ कर

45

इसका...उसका, तुमने लिक्खा है जाने किस-किस का नाम
कभी कहीं इक बार लिखो तो साथ में मेरे अपना नाम

लिस्ट बनाओ बेशक तुम तो ख़ुद पर मरने वालों की
लेकिन सबसे ऊपर लिखना बस मेरा ही मेरा नाम

कौन थे दानिश[1] जो कहते थे...क्या रक्खा है नामों में
हमसे पूछो...एक नाम पर भूल गये हम सबका नाम

उजली-उजली किरणें निकलीं नीले-नीले इंक से उफ़
कॉपी के सादे पन्ने पर जब-जब तेरा लिक्खा नाम

हर लम्हा...हाँ, हर लम्हा उफ़! ज़ेह्न[2] में कौंधते रहते हैं
याद तुम्हारी, ख़्वाब तुम्हारे और तुम्हारा मीठा नाम

इक बार पुकारो तो जैसे बन जाए कोलाज कोई
चाँद, समन्दर, बारिश, ख़ुश्बू, नग्मा, क़िस्सा, दरिया नाम

इतरा कर उसने पूछा जब...''नाम तो अपना बतलाओ''
दिल धड़का था, जुबाँ सिली थी और था हक्का-बक्का नाम

एक नाम के हर्फ़ों का है जादू-टोना ऐसा कुछ
भूले से भी याद न आए दिल को कोई दूजा नाम

नाम-पहेली उसकी तो फिर खुलते-खुलते खुलती है
नाम मुहब्बत, नाम इबादत, नाम क़यामत...कैसा नाम

---

1. बुद्धिमान 2. याद्दाश्त

46

भीगी ज़ुल्फ़ों से जब गीला टॉवल खुला
रूम में जैसे बादल घना सा उठा

धूप शावर में जब तक नहाती रही
चाँद कमरे में सिगरेट पीता रहा

दिन तो बैठी है सीढ़ी पे चुपचाप से
और टेबल पे है फ़ोन बजता हुआ

दोपहर सोफ़े पर थक के लुढ़की सी है
न्यूज़-पेपर है बिखरा हुआ आज का

साँवली शाम आगोश में आयी है
फ़र्श का सुर्ख़ कालीन लो हँस पड़ा

सामने छज्जे से एक सीटी बजी
एक खिड़की का पर्दा ज़रा सा हिला

खिलखिलाते हुये लॉन के झूले से
मखमली घास ने इक लतीफ़ा कहा

एक सिगरेट होठों में सुलगी रही
जाम इक देर तक बस उबलता रहा

रात की सिलवटें नज़्म बुनने लगीं
कँपकपाता हुआ बल्ब जब बुझ गया

47

मुहब्बत वाले मौसम को नहीं तुम जानते हो
अभी कमसिन हो जाँ...हमको नहीं तुम जानते हो

सुनो! उल्फ़त की धुन दिल में बजी तो टीस देगी
जवाँ धड़कन की सरगम को नहीं तुम जानते हो

डुबो देगा तुम्हें सैलाब उन आँखों का इक दिन
नहीं...उन चश्म-ए-पुरनम[1] को नहीं तुम जानते हो

क़यामत है क़यामत वो जो चिलमन में छुपा है
संभलना! हुस्न-ए-आलम को नहीं तुम जानते हो

उठेगा एक शब को...छोड़ कर चल देगा वो घर
वो इक जोगी है...'गौतम' को नहीं तुम जानते हो

---

1. आँसुओं से तर

48

लाल गुलाबी केसरिया है
तुझसे ही दुनिया...दुनिया है

सात समन्दर तेरे अंदर
मुझ में तो बस इक दरिया है

पूछे गर वो मुझको, कहना
हाँ...अच्छा ही है...बढ़िया है

नाम पुकारूँ जब भी तेरा
छत पर आती इक चिड़िया है

छूट गया गुड्डा मेले में
घर में गुमसुम सी गुड़िया है

सिलवट-सिलवट चादर रोयी
करवट-करवट चुप तकिया है

रूह-नदी के पार है जाना
और बदन गोया पुलिया है

49

चलो, मिल जायें अब इक-दूसरे से
पुराना कह रहा था कल नये से

नहीं है कोई भी तो आस-पास अब
लगा लो ना हमें अपने गले से

कहीं कुछ कर न बैठूँ मैं तेरे संग
कि डर लगता है तेरे देखने से

बचा कर और क्या माज़ी से लाता?
वही दो-तीन ख़त...वो भी फटे से

यहाँ बा-क़ायदा कब क्या हुआ है?
कहाँ तुम भी हो मेरे...क़ायदे से!

ये ज़िद है...ज़िद कि देखूँगा किसी दिन
तुम्हारी   बेलिबासी...सामने   से

सुनो! तुमसे ही संभलेगा रदीफ़[1] अब
कहा मिसरे ने हँस कर क़ाफ़िये से

---

1. ग़ज़ल में पीछे चलने वाला शब्द

50

वो टुकड़ा रात का बिखरा हुआ सा
अभी तक दिन पे है ठहरा हुआ सा

उदासी एक लम्हे पर गिरी थी
सदी का बोझ है पसरा हुआ सा

नदी आग़ोश में इसकी जब आयी
समन्दर और है गहरा हुआ सा

उधर खिड़की में था मायूस चेहरा
इधर भी चाँद है कुतरा हुआ सा

थी नींदों की छुअन कुछ सर्द इतनी
बदन ख़्वाबों का है सिहरा हुआ सा

ये किन नज़रों से मुझको देखते हो
रहूँ हरदम सजा-सँवरा हुआ सा

लगी है आग दरिया के बदन में
कोई तूफ़ान है उतरा हुआ सा

लिखा उस नाम का पहला ही अक्षर
मुकम्मल पेज है चेहरा हुआ सा

न छेड़ो फिर से इसको मुस्कुरा कर
वही क़िस्सा मेरा बिसरा हुआ सा

51

आधी बातें, आधे गपशप, क़िस्सा आधा-आधा है
इसका, उसका, तुम बिन सबका चर्चा आधा-आधा है

जागी-जागी आँखों में हैं ख़्वाब अधूरे कितने ही
आधी-आधी रातों का अफ़साना आधा-आधा है

तुमसे ही थी शह्र की गलियाँ...रस्ते पूरे तुमसे थे
तुम जो नहीं तो, गलियाँ सूनी...रस्ता आधा-आधा है

इश्क़ उचक कर देख रहा है...हुस्न छुपा है ज़रा-ज़रा
खिड़की आधी खुली हुई है...पर्दा आधा-आधा है

उन आँखों से इन आँखों के बीच है आधी-आधी प्यास
झील अधूरी, ताल अधूरा, दरिया आधा-आधा है

ग़ुस्से में तो फाड़ दिया था...लेकिन अब भी अलबम में
जतन से रक्खा फ़ोटो का वो टुकड़ा आधा-आधा है

बाद तुम्हारे जाने के ये भेद हुआ हम पर ज़ाहिर
रोना तो पूरा ही ठहरा...हँसना आधा-आधा है

52

दिन तो कब का जा चुका है...रात ठिठकी बैठी है
बिस्तरे के पास बुझ कर मोम-बत्ती बैठी है

फ़र्श पर चादर गिरी है...सोफ़े पर बिखरा कुशन
उजले तकिये पर चमकती एक चूड़ी बैठी है

इक क्लचर छूटा है...इक ये नोकिया का चार्जर
और आईने पे चिपकी लाल बिन्दी बैठी है

तुम नहीं हो अब, तो ये कमरा धुआँ से है भरा
उँगलियों के बीच इक सिगरेट सुलगी बैठी है

फूल जो तुम लाये थे...वो तो रखा है मेज़ पर
उस पे आकर सुब्ह से ही एक तितली बैठी है

तुम गये तो ले गये हो जैसे गीतों से भी धुन
आज तो आवाज़ भी मानो रफ़ी की बैठी है

कैसी हैं ये सिसकियाँ...कैसी है ये सिहरन अजब
गर्मी के मौसम में भी सीने में सर्दी बैठी है

दूर इक ख़ामोश रस्ता सर झुकाये जा रहा
और इधर दीवार में गुमसुम-सी खिड़की बैठी है

आ भी जा वापस कि तेरे आने से ही जायेगी
ये गले में मेरे जो कमबख़्त हिचकी बैठी है

53

छू लिया जो उसने तो सनसनी उठी जैसे
धुन गिटार की नस-नस में बजी अभी जैसे

पागलों सा हँस पड़ता हूँ मैं यक-ब-यक यूँ ही
करती रहती है उसकी याद गुदगुदी जैसे

जैसे-तैसे गुज़रा दिन...रात की न पूछो कुछ
शाम से ही आ धमकी...सुब्ह तक रही जैसे

तुम चले गए हो तो वुसअतें सिमट आयीं
ये बदन समन्दर था...अब हुआ नदी जैसे

सुब्ह-सुब्ह को उसका ख़्वाब इस क़दर आया
केतली से उट्ठी हो ख़ुशबू चाय की जैसे

डोलते कलेंडर की ऐ उदास तारीख़ो
रौनकें मेरे कमरे की हैं तुमसे ही जैसे

धूप, चाँदनी, बारिश और ये हवा मद्धम
करते उसकी फ़ुरकत[1] पर लेप मरहमी जैसे

---

1. जुदाई

54

एक मुद्दत से हुये हैं वो हमारे यूँ तो
चाँद के साथ ही रहते हैं सितारे...यूँ तो

हुस्न से कह दो ज़रा चूम लें इनको...वरना
चुप न बैठेंगे कभी इश्क़ के मारे यूँ तो

नाम तेरा कभी आने न दिया होठों पर
हाँ...तेरे ज़िक्र से कुछ शेर सँवारे यूँ तो

बेहया नींद भले मेरी कभी भी न हुई
ख़्वाब हाँ तेरे हुए सारे के सारे यूँ तो

तू नहीं तो न शिकायत कोई...सच कहता हूँ
बिन तेरे वक़्त ये गुज़रे न गुज़ारे यूँ तो

राह में साथ चलूँ ये न गवारा उसको
दूर रहकर वो करे ख़ूब इशारे यूँ तो

तुम हुए या न हुए हो जो हमारे...तो क्या
हम तो कब से हुए बैठे हैं तुम्हारे यूँ तो

55

उसकी मुश्किल...तो इसकी आसानी हूँ
जाने किन-किन आँखों की हैरानी हूँ

गले लिपट कर नदी समन्दर से बोली
चख कर देखो कितना मीठा पानी हूँ

भीड़ भरा हिल इस्टेशन है दिल तेरा
मैप देखता में कोई सैलानी हूँ

हँसते-खेलते घर का इक गुमसुम कमरा
कहता है...मैं महफ़िल की वीरानी हूँ

वो है मेरी करवट-करवट वाली रात
मैं उसकी सिलवट वाली पेशानी हूँ

उम्र वहीं ठिठकी है, जब वो बोली थी
तुझ पर मरती हूँ...तेरी दीवानी हूँ

हुस्न ये समझे वो तो ख़ुदा की नेमत[1] है
इश्क़ कहे...मैं मौला की नादानी हूँ

---

1. ईश्वर का दिया हुआ धन आदि

56

उसी इक मोड़ पर बैठा हुआ रस्ता सँभाले हूँ
चले आओ तुम्हारे साथ का साया सँभाले हूँ

कहानी हाय अब आगे बढ़े तो ये बढ़े कैसे
तुम्हारे कब्ज़े में रानी है...मैं राजा सँभाले हूँ

सलोने चाँद को फिर से भगा कर ले गई है रात
इधर फिर से मैं तन्हा सुब्ह का तारा सँभाले हूँ

नहीं...ऐसा भी कुछ मुश्किल नहीं है यूँ जिए जाना
तुम्हारे इश्क़ में वैसे तो मर जाना सँभाले हूँ

सुनो जानाँ...ख़जाना ख़्वाब का तो लुट चुका कब का
ये तो मैं हूँ कि अब तक नींद का खर्चा सँभाले हूँ

बदन पर जो भी थे...सारे के सारे मिट चले हैं अब
मगर हाँ रूह पर का इक निशाँ नीला सँभाले हूँ

अभी तक इसकी ख़ुश्बू से मेरा कमरा महकता है
कभी तुमने दिया था जो वो गुलदस्ता सँभाले हूँ

57

रात को रात भर गुदगुदाते रहे
करवटों के लतीफ़े सुनाते रहे

टीस…आवारगी…रतजगे…बेबसी
नाम कर मेरे वो मुस्कुराते रहे

धूप-सी लड़कियाँ छाँव में बैठी थीं
चाँद से लड़के क्यूँ खिलखिलाते रहे

टॉफ़ियाँ…कुल्फ़ियाँ…चाय की चुस्कियाँ
बारहा तुम हमें याद आते रहे

मैं पिघलता रहा मोम-सा उम्र भर
इक सिरे से मुझे वो जलाते रहे

मैं उन्हें देखता…देखता ही रहा
वो मुझे मुँह चिढ़ाते…चिढ़ाते रहे

शेर जुड़ते गये…इक ग़ज़ल बन गयी
काफ़िया-काफ़िया वो लुभाते रहे

58

अरसा-वरसा बीत गया है तुमसे मिले...आओ ना तुम
आओ अब, आकर लग जाओ गले-वले...आओ ना तुम

बिना तुम्हारे सज-धज कैसी...सादे-सादे रहते हैं
हो जायें हम भी तुम जैसे रंगीले..आओ ना तुम

सावन-वावन की बातों में क्या रक्खा है, छोड़ो भी
तुमसे ही हैं सारे मौसम धुले-धुले...आओ ना तुम

कहने को तो कितनी बातें-वातें हैं, पर क्या है ना
कैसे बतायें, हम हैं थोड़े शर्मीले...आओ ना तुम

कोयल-वोयल कूके-वूके...ऐसे मंज़र कब होंगे
और न अँगना-वँगना कोई फूल खिले...आओ ना तुम

चाँद-वाँद जब भी निकलेगा...निकलेगा तो निकलेगा
अम्बर में हैं कितने तारे चमकीले...आओ ना तुम

याद-वाद का काम ही क्या है...आती है...आयेगी ही
संग-संग तुम भी आ जाओ हौले-हौले...आओ ना तुम

59

कितना कुछ कहना था उनको...कितना कुछ पूछा नहीं
सोचता हूँ, क्यों उन्हें जाने दिया...रोका नहीं

'रात' मोबाइल को थामे रात भर बैठी रही
आ गयी है सुब्ह अब...मैसेज मगर आया नहीं

क्यों सुनूँ औरों की मैं कोई कहानी...क्यों सुनूँ
वो भला क़िस्सा ही क्या...जिसमें तेरा चर्चा नहीं

ट्रे में दो कप रख के ऐसे आ गयी वो सामने
चाह कर भी कह न पाया...चाय मैं पीता नहीं

देखना उनका वो छुप-छुप कर दिखा...अच्छा लगा
आज वो खिड़की लगी अच्छी कि था परदा नहीं

ठीक है, हाँ ठीक है...तुम जो कहो सब ठीक है
तेरी हाँ ही मेरी हाँ है...कोई भी झगड़ा नहीं

अब के जो आओगे तो जाने न दूँगा उम्र भर
ये नहीं अब...वो नहीं अब...कोई भी शिकवा नहीं

60

ढूँढ़ो तो मिल ही जायेंगे सारे कहाँ-कहाँ
फिरते हैं तेरे इश्क़ के मारे कहाँ-कहाँ

रूहो-बदन पे या कि हैं पूरे वजूद पर
हैं लम्स के निशान तुम्हारे कहाँ-कहाँ

वो रात अब तलक है वहीं की वहीं थमी
चलते हैं मेरे साथ सितारे कहाँ-कहाँ

आवाज़ थक के बैठ गयी सीने में ही अब
आख़िर ये दिल भी तुझको पुकारे कहाँ-कहाँ

दीवानों के लिये तो ये दर अपना खोल दे
सर फोड़ते रहेंगे बिचारे कहाँ-कहाँ

है हुस्न या तिलिस्म[1]...परेशान है ये इश्क़
क्या-क्या ही देखे और निहारे कहाँ-कहाँ

खुल कर जुबाँ से कुछ भी कहूँ क्यों, तू ख़ुद ही देख
करते हैं मेरे शेर इशारे कहाँ-कहाँ

---

1. जादू

61

उन होंठों की बात न पूछो...कैसे वो तरसाते हैं
इंग्लिश गाना गाते हैं और हिन्दी में शरमाते हैं

इस घर की खिड़की है छोटी...उस घर की ऊँची है मुँडेर
पार गली के दोनों लेकिन छुप-छुप नैन लड़ाते हैं

दुनिया बेशक बदल गयी हो...लेकिन इश्क़ नहीं बदला
आज भी रेल की पटरी पे कई दीवाने सो जाते हैं

चाँद उछल कर आ जाता है कमरे में जब रात गये
दीवारों पर यादों के कितने जंगल उग आते हैं

गहरे पानी से लगता है डर...लेकिन बेबस हैं हम
उन आँखों के नीले समन्दर हमको पास बुलाते हैं

सुलगी चाहत...तपती ख़्वाहिश...जलते अरमानों की टीस
एक बदन दरिया में मिल कर सब तूफ़ान उठाते हैं

देर हुई आने में उनको...ट्रैफ़िक होगा रस्ते में
ख़ुद से ख़ुद को ये कहकर हम ख़ुद को ही समझाते हैं

घर-घर में तो आ पहुँचा है मोबाइल बेशक, लेकिन
बस्ती के कुछ छज्जे अब भी आईने चमकाते हैं

'तन्हाई पर ग़ुस्साने का हासिल क्या'...इस कमरे की
दीवारें, खिड़की, परदे...सब हमको ही समझाते हैं

62

इधर हूँ या उधर हूँ मैं...मगर हूँ
असर में हूँ तेरे, पर बे-असर हूँ

मेरे साये में आकर बैठ इक पल
सरापा[1] मैं मुहब्बत का शजर[2] हूँ

तेरी नींदें सजाऊँगा किसी दिन
मैं ख़्वाबों में छुपा सारा कलर हूँ

मुझे आ रात में तब्दील कर दे
कि मैं कब से सुलगती दोपहर हूँ

घड़ी भर को कभी तो सुन ले मुझको
मैं अफ़साना हूँ...लेकिन मुख़्तसर[3] हूँ

नहीं जाता हूँ वैसे तो कहीं भी
मगर हाँ उस गली में रेग्युलर हूँ

है मेरे नाम का लड़कों में हल्ला
मुहल्ले में तेरे ताज़ा ख़बर हूँ

तुझे शायद नहीं मालूम होगा
तेरी छूटी हुई कोई कसर हूँ

सुनेगा शौक से हमको ज़माना
ग़ज़ल का हुस्न है तू...मैं हुनर हूँ

---

1. सर से पाँव तक 2. पेड़ 3. संक्षिप्त

63

छू लिया उसने ज़रा मुझको तो झिलमिल हुआ मैं
आस्माँ! तेरे सितारों के मुक़ाबिल हुआ मैं

नाम बेशक न लिया उसने कभी खुल के मेरा
चंद नज़्मों में मगर उसकी तो शामिल हुआ मैं

जाते-जाते यूँ गले अपने लगाया उसने
मैं सरापा ही जो तन्हाई था...महफ़िल हुआ मैं

पर्स में वो तो लिए फिरता है तस्वीर मेरी
और सरगोशियों[1] में शह की दाख़िल हुआ मैं

उसने जो पूछ लिया कल कि...कहो, कैसे हो?
बाद मुद्दत के ज़रा ख़ुद को ही हासिल हुआ मैं

और फिर उसने पलट कर मुझे भी देख लिया
आ गयी काम ये दीवानगी...क़ाबिल हुआ मैं

ज़िन्दगी बहर[2] से ख़ारिज हुई बिन उसके...और
क़ाफ़िये ढूँढ़ता मिसरा कोई मुश्किल हुआ मैं

---

1. कानाफूसी 2. छंद या मीटर

64

चाँद ने मानो झुक के बदन धरती का चूम लिया
इक लड़के ने इक लड़की का माथा चूम लिया

उल्फ़त की ठहरी-ठहरी मंज़िल से घबरा कर
दीवाने ने फिर से पलट कर रस्ता चूम लिया

शरमायी सी बैठी रही वो...लेकिन मैंने तो
आँखों ही आँखों से जिस्म समूचा चूम लिया

परबत पर जब दिलजोई[1] के दाँव न चल पाये
शोख़ हवा ने ग़ुस्से में तब दरिया चूम लिया

देख लिया इक बार जो ख़ुद को मेरी नज़रों से
इतरा कर उसने तो फिर आईना चूम लिया

शाम की रंगत ज़रा-ज़रा सी और निखर आयी
काली ज़ुल्फ़ों ने जब लाल दुपट्टा चूम लिया

मुद्दत बाद मिले जब दोनों तो ऐसे लिपटे
साँसों ने साँसों का रेशा-रेशा चूम लिया

बोसे पर जो 'नहीं-नहीं' में उसने हिलाया सर
कान की बाली ने होंठों का कोना चूम लिया

रात ने हौले से चूमा जब बोझिल पलकों को
नींद ने शरमा कर ख़्वाबों का चेहरा चूम लिया

---

1. दिलासा

65

न चाँद हूँ...न चमकता हुआ सितारा हूँ
किसी के लम्स[1] की लौ से जला शरारा[2] हूँ

जो देखना हो मुझे तो ज़रा ठहर जाना
मैं मंज़रों के बहुत बाद का नज़ारा हूँ

नहीं हूँ कुछ भी मैं उसके बिना...हाँ कुछ भी नहीं
अगर हूँ कुछ भी तो उसके ही साथ सारा हूँ

छुपा हुआ सा किसी की भरी निगाहों में
वो जो किया न गया है...वही इशारा हूँ

वो मेरी उचटी सी नींदों का इक समन्दर है
मैं उसके बहके से ख़्वाबों का इक किनारा हूँ

था बेसलीक़ा मैं, था बेअदब...मगर जब से
हुआ है प्यार तो सबको बहुत ही प्यारा हूँ

ये ज़िन्दगी भी ज़रा ज़िन्दगी सी हो जाए
बस एक बार वो कह दे कि मैं तुम्हारा हूँ

---

1. स्पर्श 2. पतंगा, चिंगारी

66

ज़िन्दगी से उम्र भर तक चलने का वादा किया
ऐ मेरी कमबख़्त साँसो! हाय तुमने क्या किया

नींद पर तेरी हुकूमत हो गयी जब से मेरी जान
रतजगों ने तब से ख़्वाबों को ज़रा रुसवा किया

इब्तदा-ए-होश से अच्छा-भला पत्थर था मैं
इक नज़र बस देखकर तूने मुझे दरिया किया

जाने तो कैसा था जादू इक तुम्हारे लम्स में
जिस्म को कमबख़्त ने ऐसा किया...वैसा किया

एक बस ख़ामोश-से लम्हे की ख़्वाहिश ही तो थी
और उसी ख़्वाहिश ने लेकिन शोर फिर कितना किया

वो निगाहें उफ़ कि इतनी...उफ़ कि इतनी पैनी थीं
सीने में खच से उतर कर रूह तक रस्ता किया

लुत्फ़ अब देने लगी है ये उदासी भी मुझे
शुक्रिया तेरा कि तूने जो किया...अच्छा किया

67

यूँ उठी यादों की पलटन दिल में आज अचानक से
इक-दो-इक-दो करते फ़ौजी जैसे निकलें बैरक से

बातों-बातों में जब उसने हाथ छुआ मेरा...तो लगा
सौ का नोट निकल आया हो सिक्कों के संग गुल्लक से

इतनी सी है मेरी तमन्ना...बस इतनी सी ख़्वाहिश है
'तू मेरा है'...इक दिन आकर वो मुझको बोले हक से

उसको क्या मालूम कि कितना शोर उठा है सीने में
दिल के दरवाज़े पर उसकी आँखों की इक दस्तक से

सारे के सारे मौसम ही बस दो शय से सजते हैं
उसकी कुर्बत[1] की गरमी से...या फुरकत[2] की ठंडक से

---

1. नज़दीकी 2. जुदाई

68

बैठे हैं तेरी राह में...ये सोचते हुए
कब तक रहेंगे यूँ ही तुझे सोचते हुए

बेशक थके-थके से रहे ज़िन्दगी से हम
लेकिन कभी भी हम न थके सोचते हुए

महफ़िल में देखते रहे सब उनको देख कर
फिर सब के सब ही बैठ गए...सोचते हुए

होंगे वो तेरे इश्क़ के मारे ही शर्तिया
इस शह में जो तुझको मिले सोचते हुए

हर रात मेरी अब तो गुज़रती है इस तरह
सिगरेट उँगलियों में लिए...सोचते हुए

पहले तो ख़ूब-ख़ूब हँसे मेरी बात पर
फिर देर तक वो बैठे रहे सोचते हुए

देखा उन्होंने मेरी इन आँखों में जाने क्या
थे चीख़ते-से आए...गए सोचते हुए

कितने ही मस'अले हैं पड़े घर के और तुम
रहते हो सुब्ह-शाम किसे सोचते हुए

है मुख़्तसर[1]-सा क़िस्सा तेरे आशिक़ों का...बस
जीते थे सोच में तो मरे सोचते हुए

---

1. संक्षिप्त

69

हवा जब किसी की कहानी कहे है
नये मौसमों की ज़ुबानी कहे है

तुझे चल, ज़रा-सा मैं मीठा बना दूँ
समन्दर से दरिया का पानी कहे है

मुहब्बत में हैं आफ़तें जब हज़ारों
इसे इश्क़ क्यों ज़िन्दगानी कहे है

फ़साना है जिस्मों का बेशक ज़मीनी
मगर रूह तो आसमानी कहे है

डसा रतजगों ने है ख़्वाबों को फिर से
सुलगती हुई रातरानी कहे है

उधर ज़िद ज़माने की...बातें नयी हों
इधर दिल पुरानी-पुरानी कहे है

लटें चंद चाँदी की बख़्शीं तुझे...जा !
विदा लेती मुझसे जवानी कहे है

70

आज फिर हम साथ उनके यूँ ही बैठे रह गए
था गले मिलना...मगर हम हाथ थामे रह गए

कशमकश में शाम बीती...दिन हुआ यूँ ही तमाम
फिर से खाली ख़्वाहिशों के सारे थैले रह गए

देर तक फिर रूम में बस इक धुआँ उठता रहा
फ़र्श पर सिगरेट के टुकड़े पड़े थे...रह गए

उसने तो गीला दुपट्टा अलगनी पर रख दिया
और इधर खिड़की में हम बस भीगे-भीगे रह गए

तुमने जो उस दिन बटन टाँके थे मेरी शर्ट पर
अर्से तक वो मेहंदी-मेहंदी से महकते रह गए

ऐ सुनो! कॉफ़ी पियोगे शाम को तुम मेरे साथ?
उसने पूछा प्यार से...हम हक्के-बक्के रह गए

हाँ उसी चैप्टर में जब किरदार ने की ख़ुदकुशी
बस वहीं नॉविल के सब पन्ने सिसकते रह गए

एक लम्हे को मिली आँखें...नज़र फिर झुक गई
क्या कहें...कैसे हम उनके होते-होते रह गए

चुस्कियाँ लेकर बियर की उसने जब चूमा हमें
इन लबों पर स्वाद के अनलिक्खे क़िस्से रह गए

71

धूप लुटा कर सूरज जब कंगाल हुआ
चाँद उगा फिर अम्बर मालामाल हुआ

साँझ लुढ़क कर ड्योढ़ी पर आ फिसली है
आँगन से चौबारे तक सब लाल हुआ

ज़िक्र छिड़ा है जब भी उनका यारों में
ख़ुश्बू ख़ुश्बू सारा ही चौपाल हुआ

लौट के वापस आया जब उन हाथों से
कितना क़ीमती मेरा ये रूमाल हुआ

उम्र वहीं ठिठकी है, जब तुम छोड़ गये
लम्हा...दिन...सप्ताह...महीना...साल हुआ

छुटपन में जिसकी संगत थी चैन मेरा
उम्र बढ़ी तो वो जी का जंजाल हुआ

हुक्म मिला था जो उन क़ातिल आँखों से
होना था...होना ही था...तत्काल हुआ

72

लम्हा-लम्हा दिन बीते...लम्हात से लिपटी-लिपटी रात
बात में कोई बात छुपी है...बात से लिपटी-लिपटी रात

वो मुझसे है लिपटी या फिर मैं हूँ उस से लिपटा सा
रात ख़्वाब या ख़्वाब रात है...रात से लिपटी-लिपटी रात

हाल न पूछो यारो अपना...हाल है ऐसा, देखूँ जिधर
दिखती है...बस दिखती है, हालात से लिपटी-लिपटी रात

कैसी भीगी-भीगी थी वो रात तुम्हारी जुल्फ़ों में
अब के बादल लाया है बरसात से लिपटी-लिपटी रात

जिस्म की परतों से होकर अब रूह तलक है उतर चुकी
अजब-ग़ज़ब महकी-महकी जज़्बात से लिपटी-लिपटी रात

रातों का अब ये आलम है...करवट-करवट बेचैनी
नींद ने पायी है ऐसी सौगात से लिपटी-लिपटी रात

जान तुम्हारी यादें अब जो आती हैं तो लाती हैं
संग में अपने यादों की बारात से लिपटी-लिपटी रात

73

बँधा धागे से था फिर भी वो बेचारा मचल उट्ठा
उड़ी बाज़ू में इक तितली तो गुब्बारा मचल उट्ठा

हवा का ज़ोर था ऐसा, रिबन करता तो करता क्या
मनाया लाख ज़ुल्फ़ों ने...वो दोबारा मचल उट्ठा

बड़ी मुश्किल से ख़ुद को ज़ब्त कर बैठा हुआ था दिल
उठी पलकें जो तेरी...इश्क़ का मारा मचल उट्ठा

बजी घंटी...दुपट्टे खिलखिलाते क्लास से निकले
अचानक सूने-से कॉलेज का गलियारा मचल उट्ठा

बस इक उँगली छुई थी चाय की प्याली पकड़ते वक़्त
न जाने क्यूँ समूचे जिस्म का पारा मचल उट्ठा

पुराना ख़त निकल आया पुरानी फ़ाइलों से जब
उठी ख़ुशबू कि ऑफिस यक-ब-यक सारा मचल उट्ठा

जकड़ रक्खा था क़दमों को हसीं रस्ते के मंज़र ने
दिखा जब हुस्न मंज़िल का...तो बंजारा मचल उट्ठा

छबीले चाँद ने बादल के चिलमन[1] को उठाया यूँ
फ़लक[2] पर ऊँघता बैठा हर इक तारा मचल उट्ठा

अकेली रात थी आधी...बुझा था बल्ब कमरे का
सुलगती याद यूँ चमकी कि अँधियारा मचल उट्ठा

---

1. बाँस की तीलियों से बना परदा 2. आकाश

74

किसी रोज़ हम ये तमाशा करेंगे
तुझे चूम कर ख़ुद को रुसवा करेंगे

बदन जो हमारा पुकारेगा तुझको
तेरे जिस्म के गीत गाया करेंगे

उठायेंगे फिर से उदासी का हम लुत्फ़
बिछड़ने का तुझ से इरादा करेंगे

हुई दोस्ती नींद की ख़्वाब से गर
तो फिर रतजगे किस से झगड़ा करेंगे

इसी हिज्र की धूप में हम जले हैं
इसी की घटा में नहाया करेंगे

जो बन जायें हम आईना तेरे घर का
तेरी बेलिबासी निहारा करेंगे

हमीं से मुहब्बत के सारे भरम हैं
हमीं इस यक़ीं को भी तोड़ा करेंगे

75

सुब्ह को उतरा शाम का पानी
जाम में तो था नाम का पानी

दरिया-दरिया रुतबा उसका
प्यास बिना किस काम का पानी

भीगी ज़ुल्फ़ें गीला सूरज
छींट उड़ाता बाम[1] का पानी

उन आँखों से इन आँखों तक
पहुँचा किस अंजाम का पानी

गंगा यमुना सतलज सरयू
रामभरोसे राम का पानी

पलकों पर बेमौसम बारिश
होंठों पर है जाम का पानी

झेलम के तट पर गुमसुम है
गुल गुलशन गुलफ़ाम[2] का पानी

---

1. छत 2. अत्यंत सुंदर

76

कुछ करवटों के सिलसिले...इक रतजगा ठिठका हुआ
मैं नींद हूँ उचटी हुई...तू ख़्वाब है चटका हुआ

अच्छा हुआ जो भी हुआ...है इक मज़ा फ़ुरकत[1] में भी
मुद्दत से सीने पर वफ़ा का बोझ था...हल्का हुआ

इक लम्स की तासीर है तपती हुई...जलती हुई
चिंगारियाँ सुलगी हुईं...शोला कोई दहका हुआ

आँखों में इक सैलाब सा मचला है तेरे बाद जो
ख़ामोश बहते दरिया में तूफ़ान है भड़का हुआ

दिल थाम कर उसको कहा ''हो जा मेरा!''...तो नाज़ से
उसने कहा...''पगले ! यहाँ पर कौन कब किसका हुआ ?''

ये जो रगों में दौड़ता है इक नशा-सा रात-दिन
इक उन्स[2] है चढ़ता हुआ...इक इश्क़ है छलका हुआ

पूनम की शब चारों तरफ़ था शोर तारों में यही
इक गोरा-चिट्टा गोल सा अम्बर को है लड़का हुआ

---

1. जुदाई 2. आकर्षण

77

यार सुनाओ हाल उसका कुछ...वो जो थी सपनीली सी
वही वही, हाँ वो ही लड़की...अरे वही शर्मीली सी

क्लास में जिसका आना होता था ज्यूँ गर्मी में बारिश
थोड़ी रूखी-सूखी थी जो...थोड़ी सीली-सीली सी

हँसती थी तो खिल उठती थी कॉलिज के गलियारे में
दूर-दूर तक पसरी-पसरी सरसों पीली-पीली सी

फैले-फैले साहिल ने ज्यूँ बाँध रखा था दरिया को
चुस्त पजामी पर वो उसकी कुर्ती ढीली-ढीली सी

और दुपट्टा मैचिंग वाला उस पर यूँ लहराता था
मेकअप-शेकअप करके पुरवाई[1] हो आई सजीली सी

कैसी है वो...रहती कहाँ है...अब भी उसके दिखने से
हो जाती है मौसम में क्या वैसी ही तब्दीली सी ?

बोलो ना कैसी दिखती है...वज़्न चढ़ा है उस पर क्या ?
या अब भी वैसी ही पतली-दुबली है वो तीली सी ?

---

1. पूर्व की ओर से बहने वाली हवा

78

जो धुन निकली हवा की सिम्फनी से
हुआ है चाँद पागल आज उसी से

निकल आये कई माज़ी के क़िस्से
ख़तों की इक पुरानी पोटली से

अभी भी खिलखिला उठता हूँ जब-तब
न जाने कब की तेरी गुदगुदी से

चले आओ...मुझे ख़ुद से मिला दो
मैं आज़िज आ गया हूँ बेख़ुदी से

सुबकती रह गयीं शहनाईयाँ फिर
सुनी जब हूक जाती पालकी से

उदासी, बेबसी, वहशत,[1] शिकायत
हुये हासिल तुम्हारी कंपनी से

यक़ीं हो या न हो तुझको, ये सच है
मेरा होना है तुझ से...बस तुझी से

---

1. डर

79

साथ हमारे चले अगर वो पिक्चर-विक्चर थोड़ा सा
हम भी घूमें ऊँचा करके कॉलर-वॉलर थोड़ा सा

इश्क़ ने पंजे फैलाये हैं कितने पैने-पैने से
रग-रग में चुभता रहता है नश्तर-वश्तर थोड़ा सा

कितना किस्मत वाला था वो क़ैस जिसे सब कहते थे
अपनी जानिब कब बरसेगा पत्थर-वत्थर थोड़ा सा

लेकर आये हैं हम तोहफ़ा ख़ास तुम्हारी ख़ातिर, हाँ
देखो तो अब खोल के इसका रैपर-वैपर थोड़ा सा

कोई कहता वहशी हमको...कोई कहता दीवाना
ढूंढ़ो लोगो नाम हमारा बेहतर-वेहतर थोड़ा सा

कॉल नहीं आता अब उनका...लेकिन ख़ुश रहते हैं हम
मोबाइल में देख के उनका नंबर-वंबर थोड़ा सा

इक तुम ही जो नहीं हमारे पूरे के पूरे...तो क्या
चाँद हमारा और हमारा अम्बर-वम्बर थोड़ा सा

80

नहीं, वो पास न आयेगी पास लाए बिन
बनेगी बात न यूँ बात कुछ बनाए बिन

हज़ार ग़म मगर उस पर ये ग़म कि इक साल और
गुज़र गया है तुझे फिर गले लगाए बिन

मना करे है ज़माना...ये दुनिया रोके है
रहा न जाए मगर तेरी ओर आए बिन

तुझे न मुझसे मुहब्बत है...मान लूँगा मैं
तू देख ले जो मुझे देर तक लजाए बिन

तमाम दाँव तो पहले ही आजमाए गए
ए काश मान वो जाए जो अब मनाए बिन

न फ़ोन करने की तुझको...कसम तो खा ली, पर
हैं दुखती उँगलियाँ नंबर तेरा मिलाए बिन

न गुदगुदी...न लतीफ़ा ही काम आएगा
कहाँ हँसेगा ये कमबख़्त दिल रुलाए बिन

81

ख़्वाब की थी आँच कैसी...नींद जलती रह गयी
रात फिर से रात भर करवट बदलती रह गयी

एक कप कॉफ़ी का वादा भी न तुमसे निभ सका
कैडबरी रैपर के अंदर ही पिघलती रह गयी

ढीठ रस्ते ने ज़रा सा मुड़ के भी देखा नहीं
और इधर दीवार पर खिड़की मचलती रह गयी

रह गई उलझी किचेन में भीगी-भीगी ज़ुल्फ़ फिर
और छत पर धूप बेबस हाथ मलती रह गयी

चौक पर बाइक ने जब देखा नज़र भर कर उधर
कार की खिड़की में इक चुन्नी सँभलती रह गयी

छुप गया बादल की बाँहों में लफ़ंगा चाँद फिर
चाँदनी तारों में तन्हा फिर टहलती रह गयी

फ़ाइलों ने 'दिन' को ऑफ़िस में रखा फिर देर तक
और ड्योढ़ी पर बिचारी 'शाम' ढलती रह गयी

82

हमने ज्यों ही शे'र सुनाया क़ातिल पर
इक सन्नाटा टूट पड़ा था महफ़िल पर

उनके लश्कर में हम भी थे शामिल, पर
सब पहुँचे...बस हम ही नहीं थे मंज़िल पर

चीख़ रहा था चिढ़ के समन्दर जाने क्यों
हम लेटे थे उनकी गोद में साहिल पर

इश्क़ हुआ...जब उनको पढ़ते देखा था
मीर की ग़ज़लें दरियागंज के सर्किल पर

चूम लिया जब हमने उनकी गर्दन को
तितली आकर बैठ गई उनके तिल पर

रूठी थी वो...पर्स मगर छूने न दिया
प्यार निकल कर आया कॉफ़ी के बिल पर

उनकी भी तो आदत है दिलजोई की
हम भी उनकी बात नहीं लेते दिल पर

83

गुज़र जाएगी शाम तकरार में
चलो ! चल के बैठो भी अब कार में

अरे ! फ़ब रही है ये साड़ी बहुत
ख़फ़ा आईने पर हो बेकार में

तुम्हें देखकर चाँद छुप क्या गया
फ़साना बनेगा कल अख़बार में

है झीने दुपट्टे में लिपटा बदन
या तारा है इक काँच के जार में ?

न परदा ही सरका...न खिड़की खुली
ठनी थी गली और दीवार में

अजब हैंग-ओवर है सूरज पे आज
ये बैठा था कल चाँदनी-बार में

दिनों बाद मिस-कॉल तेरा मिला
तो भीगा हूँ सावन की बौछार में

84

करवट बदल-बदल के ही...आँखों में ही सही
कमबख़्त रात ये भी गुज़र जाएगी सही

निस्बत[1] है कम से कम तो कोई तेरा मेरे साथ
उल्फ़त[2] नहीं तो क्या हुआ...ये बेरुख़ी सही

उट्ठी हैं हिचकियाँ जो बिना बात यक-ब-यक
अच्छा लगा कि सोचे है मुझको कोई सही

थोड़ी सी बेलिबासी तेरी देखने तो दे
जलने दे एक बल्ब कि हो रौशनी सही

उँगली छुई थी चाय का कप थामते हुए
दिल तो गया ही...जान भी निकली रही-सही

सिगरेट ये...शराब ये...सारे फ़रेब हैं
होंठों को तो है अस्ल में लत बस तेरी सही

छूटी गली जो तेरी तो अफ़सोस क्या करूँ
रास आ रही है क़दमों को आवारगी सही

---

1. संबंध 2. मुहब्बत

85

''छोड़ दे मेरा हाथ, कसम से वरना''...वरना क्या ?
जान तेरी है, जानाँ तुझसे डरना-वरना क्या !

इश्क़ करो तो खुल के करो...क्यों जीना घुट-घुट कर
मौत आनी है...मौत से पहले मरना-वरना क्या !

सोच-समझ कर किया नहीं जाता है, पगली, प्यार
होते-होते हो जाता है...करना-वरना क्या !

तू कमसिन है, कैसे बताऊँ...क्या कुछ होता है
बोसा-वोसा क्या...बाँहों में भरना-वरना क्या !

बात-बात पर उफ़ ये रोना, तूने आँखों में...
भर रक्खा है दरिया-वरिया...झरना-वरना क्या ?

86

रास्ते ठिठके हुए...मंज़िल ज़रा भटकी हुई
तेरे बिन ये ज़िन्दगी लगती है कुछ ठिठकी हुई

दर्द-सा हो दर्द कोई तो कहूँ कुछ तुमसे मैं
चोट की हर टीस अब तो इक नई सिसकी हुई

तेरी फ़ुरकत[1] की उदासी का नशा भी ख़ूब है
ख़्वाब हैं कुछ खोये-खोये...नींद है बहकी हुई

सोचता होगा वो मुझ को बैठ कर तन्हा कहीं
चाँद निकला और मुझको ज़ोर की हिचकी हुई

इस मुहब्बत के बहाने कम से कम इतना हुआ
बेबसी मेरी हुई तो बेकसी उनकी हुई

सिर्फ़ बिखरा है अँधेरा अब गली में हर तरफ़
जब से कोने के मकाँ की बंद वो खिड़की हुई

ज़िन्दगी हो...ज़िन्दगी तुम...ज़िन्दगी हो मेरी तुम
कहने को कह दूँ...मगर ये ज़िन्दगी किसकी हुई

---

1. वियोग, जुदाई

87

रात में ख़्वाबों की या दिन में यादों की अलमारी से
रोज़ तेरी तस्वीर निकालूँ...देखूँ बारी-बारी से

उसने तो बस हाथ छुआ था, सीने से क्यों धुआँ उठा
आग का क्या है...लग जाती है छोटी सी चिंगारी से

भीगी जुल्फें लेकर अपनी आती हो तुम छत पर जब
सूरज रंगता है मौसम को किरणों की पिचकारी से

कुछ तो सच्चाई होगी ही...कुछ तो होगी बात ज़रूर
हुस्न नहीं तो क्यों चिढ़ता यूँ इश्क़ की दावेदारी से

वो है मेरी या मैं उसका...आज फ़ैसला होना है
सज-धज कर वो, बन-ठन कर मैं...निकले हैं तैयारी से

धड़कन-धड़कन हंगामा है...बीनाई[1] है शर्मिंदा
दिल के सारे राज़ खुल गये आँखों की गद्दारी से

दीवाना हूँ...दीवाने तो भिड़ जाते हैं अक्सर ही
सीधे-सादे दिल को लेकर टेढ़ी दुनियादारी से

---

1. नज़र

88

ख़्वाब जो भी बुना...वो बुना रह गया
उम्र बीती मगर बचपना रह गया

सोचे थे...एक दिन उनसे पूछेंगे हाल
सोचते रह गये...पूछना रह गया

अक्स जितने थे सारे बदलते रहे
आईना तो वही आईना रह गया

यूँ तो सौ बार तुमको है देखा, मगर
फिर भी लगता है...कुछ देखना रह गया

तू मिला तो मुझे ये अचानक लगा
कैसे अब तक मैं तेरे बिना रह गया

वस्ल की गुफ़्तगू लब से होती रही
और गालों को तो चूमना रह गया

चाँद के हुस्न पर बात कितनी हुई
चाँद का इश्क़ तो अनसुना रह गया

मूसलाधार बारिश हुई हिज्र की
यूँ कि यादों का जंगल घना रह गया

रात दरवाज़े से खिलखिला कर गयी
और चौखट पे दिन अनमना रह गया

89

ख़्वाब का घूंघट ज्यों ही रात उठाती है
नींद हमारी जाने क्यूँ शरमाती है

इक दिन लिक्खूँगा मैं ऐसा क़िस्सा, हाँ
जिसमें वो फिर पास मेरे लौट आती है

यूँ तो बिलकुल सिंपल सी है लड़की वो
बस...हँसती है तो झरना बन जाती है

हा हा हा हा...नाम वफ़ा का आने पर
धड़कन कैसे-कैसे जोक सुनाती है

''चूम हमें''...लब उसके कहते हैं, लेकिन
आँख ''डुबो दूँगी'' कह कर धमकाती है

कितनी ज़िद्दी है यादों की माचिस भी
माज़ी की ही सिगरेटें सुलगाती है

उफ़ ये दहशत! बिन तेरे तन्हाई की
डर के मारे ख़ामोशी चिल्लाती है

वो तो कब की चली गई मुझसे मिल कर
ये तितली क्यों पास मेरे मंडराती है

बुरा न मानो इस दिल का यूँ, ओ जानाँ
पहले ज़िद्दी था ये, अब जज़्बाती है

90

हाँ...न...ये...वो में फिर से उलझी सी
उसकी बातें सदा अधूरी सी

चाँद जल कर पिघल गया थोड़ा
चाँदनी कल ज़रा थी सुलगी सी

शोर सीने का सुन के देखा तो
इक उदासी खड़ी थी हँसती सी

रात के जिस्म पर ख़राशें हैं
नींद ख़्वाबों तले थी कुचली सी

हुस्न का ख़ौफ़ इस कदर ठहरा
इश्क़ की धड़कनें हैं सहमी सी

तेरी ख़ातिर...फ़क़्रत तेरी ख़ातिर
उम्र कब से खड़ी है ठिठकी सी

कौन आया है बारिशों सा यूँ
एक ख़ूश्बू उठी है सौंधी सी

ख़त्म उल्फ़त तो हो चुकी है, हाँ
बस ये वहशत बची है थोड़ी सी

खिल गया हूँ कि एक लड़की है
ज़ेह्न में उड़ती-फिरती तितली सी

91

चाँद ज़रा जब मद्धम-सा हो जाता है
अम्बर जाने क्यूँ तन्हा हो जाता है

चोट लगी है जब-जब नींद की रूहों को
जिस्म भी ख़्वाबों का नीला हो जाता है

उसकी गली में यूँ ही आते-जाते बस
ऐसा-वैसा भी कैसा हो जाता है

अलबम का इक-इक फ़ोटो जाने कैसे
शब को नॉविल का पन्ना हो जाता है

मोबाइल पर उसका नंबर जब चमके
गुमसुम कमरा हरा-भरा हो जाता है

हँस कर अपनी ज़ुल्फें जब भी झटके वो
हर मौसम बारिश वाला हो जाता है

मैं तो यूँ ही बुनता हूँ ग़ज़लें अपनी
उसके नाम का क्यूँ चर्चा हो जाता है

92

दिन कुछ सिहरा-सिहरा रहता...रात सुलगती रहती है
चाँद से लड़के की बाँहों में धूप सी लड़की रहती है

ख़्वाब टपकता रहता है यूँ आँख के रेशे-रेशे से
नींद बिचारी करवट-करवट भीगी-भीगी रहती है

कोई तो ख़ुशबू सी उठने लगती है शायद मुझसे
तुझको जब भी सोचूँ...मुझ पर तितली बैठी रहती है

कितना अर्सा बीत गया है तुमको गले लगाये...उफ़
सीने में अब तो हर लम्हा हिचकी-हिचकी रहती है

मोबाइल के संदेशों से बात नहीं बनती जानाँ
ख़त लिक्खो या आ जाओ ख़ुद...धड़कन कहती रहती है

अच्छा है...हाँ, सच में कितना तो अच्छा है सब कुछ ही
दिल के अंदर लेकिन जाने कैसी उदासी रहती है

लफ़्ज़-लफ़्ज़ हैं कितने क़िस्से...कितने ही अफ़साने हैं
हर मिसरे में ग़ौर से देखो...कोई कहानी रहती है

93

रात गुम हो गयी और दिन खो गया
इश्क़ का शौक़ था...हो गया...हो गया

जाने कैसी तिलिस्मी[1] है उसकी गली
उस तरफ़ जो गया...हाय वो तो गया

वस्ल[2] का शोर फिर हिज्र की ख़ामुशी[3]
नींद जागी रही...ख़्वाब ही सो गया

दे न पायी है अब तक मुहब्बत जवाब
रूह किसको गयी...जिस्म किसको गया

जा चुका खिलखिलाता हुआ वो, मगर
आँखों में कितनी ही ख़्वाहिशें बो गया

---

1. जादुई 2. मिलन 3. सन्नाटा, चुप्पी

94

कायनात ने साज़िश की है इश्क़ के इस बँटवारे में
जागी रातें मेरे हिस्से...सारे ख़्वाब तुम्हारे में

आता-जाता हर कोई अब देखे मुझको मुड़-मुड़ कर
सूरत तेरी दिखने लगी क्या तेरे इस बेचारे में...?

बारिश की इक बूंद गिरी जो टप से आकर माथे पर
ऐसा लगा...तुम सोच रही हो शायद मेरे बारे में

हौले-हौले लहराता था...उड़ता था दीवाना मैं
रूठ गई हो जब से तो इक सुई चुभी गुब्बारे में

ज़ोर लगाया...धमकी भी दी, लेकिन अब भी बैठा है
इक ज़िद्दी-सा ठिठका लम्हा यादों के चौबारे में

फ़िक्र करे या ज़िक्र करे ये या फिर तुमको याद करे
कितना मुश्किल हो जाता है दिल को पारे-पारे में

बाद तुम्हारे ओ जानाँ...मैं भीगा-भीगा रहता हूँ
यादों की बारिश में या फिर ख़्वाहिश के फव्वारे में

95

सिहरा-सिहरा रहता हूँ मैं...एक जलन दे दे
ले ले मेरी रूह तू ले ले, अपना बदन दे दे

हीरे को हीरा काटे...दिन मेरे चुभते हैं
ऐसा कर, अब तू भी मुझको कोई चुभन दे दे

आज लफ़ंगे चाँद को थोड़ा और चिढ़ाऊँगा
अपनी कलाई की इक चूड़ी...इक कंगन दे दे

चुप्पा-चुप्पा दिल ये तेरा रख ले अपने पास
सीने में जो शोर मचाये...वो धड़कन दे दे

तुझ बिन ठहरी-ठहरी रातें गुमसुम रहती हैं
वापस आजा...इन रातों का पागलपन दे दे

सौ बातों की बात यही है...इश्क़ किया है गर
सौंप दे अपना हुस्न मुझे...अपना जोबन दे दे

शर्त हया है इसकी तो फिर अपनी जवानी रख
साथ मेरे जो बीता था...हाँ वो बचपन दे दे

रात वस्ल की आयी है ये कितने मुद्दत बाद
गले लगा ले ज़ोर से...इक बोसा फ़ौरन दे दे

मेरे जिस्म के तपते सहरा को कुछ चैन मिले
तू जो अपने जिस्म का महका सा गुलशन दे दे

96

शब के पंजे में जब तन्हाई की चीख़ मचलती है
करवट-करवट नुची-खुची सी फिर इक सुब्ह निकलती है

इक तन्हा कमरे में आँखें मलता है एक सबेरा
मीलों दूर कहीं छत पर इक सूनी शाम टहलती है

दिन भर दफ़्तर में उलझी रहती है, लेकिन शाम ढले
फ़ोन की इक घंटी पर धड़कन सौ-सौ बाँस उछलती है

लम्स-वम्स से तेरे हमको होना क्या था...हाँ, लेकिन
सीने में कुछ धुआँ-वुआँ है...आग-वाग सी जलती है

कुछ दिन से वो आई नहीं छज्जे पर बाल सुखाने को
पार गली की इक खिड़की हाथों को अपने मलती है

बर्फ़ की चादर ओढ़े परबत कब से हैं चुपचाप खड़े
याद तुम्हारी अक्सर इन पर बन कर धूप पिघलती है

याद-वाद अब आती नहीं है तेरी...हाँ, गा लेता हूँ
तेरा वाला गाना यूँ ही जब-जब चाय उबलती है

97

इश्क़ था...ख़्वाब था...या नशा था कभी
जाने क्या-क्या था वो, जो भी था...था कभी

मिल्कियत अपनी होती थी शय पर तमाम
तू मेरा था तो हाँ...मैं ख़ुदा था कभी

साथ है वो किसी के तो आया ख़याल
उसने चूमा था मेरा भी माथा कभी

अच्छा, जाने से पहले तो इतना बता
लम्हे भर को भी क्या मैं तेरा था कभी

है ये कैसी चुभन जिस्म से रूह तक
दफ़अतन वो गले से लगा था कभी

ख़ूबसूरत है मेरी ये दुनिया बहुत
देख कर मैं तुझे सोचता था कभी

अब वो रातें कहाँ तेरे जाने के बाद
चाँद-तारों से जो सिलसिला था कभी

98

साहिल हुआ है मेरा, ये दरिया हुआ मेरा
तू साथ हो लिया है तो रस्ता हुआ मेरा

आँखों से चल के आ गया सीने तलक जुनून
फिर यूँ हुआ कि हुस्न दिवाना हुआ मेरा

अच्छा हुआ, बुरा हुआ...आ कर कभी तो देख
जब तू नहीं हुआ मेरा...क्या-क्या हुआ मेरा

कितनी उदास रात है, ऐ सुब्ह आओ अब
ले आओ आफ़ताब चमकता हुआ मेरा

ऐलान अब तो हो गया...तू मान या न मान
मेरा हुआ है तू...हाँ...तू मेरा हुआ मेरा

तेरी तलाश ने किया यूँ दर-ब-दर मुझे
जाने कहाँ वजूद है भटका हुआ मेरा

फ़ुरकत[1] ने कम से कम तेरी इतना किया असर
ये रूह नज़्म, जिस्म फ़साना हुआ मेरा

---

1. जुदाई

99

नज़र भर अब तो इसको देख ले...सदमे में बैठा है
न जाने कब से दीवाना तेरे रस्ते में बैठा है

खुरचता रहता है दिन-रात मुझको पसलियों के पास
भला ये कौन है जो छुप के यूँ सीने में बैठा है

भटकती हैं उधर गलियों में तेरे हिज्र की चीख़ें
तेरी यादों का सन्नाटा इधर कमरे में बैठा है

किसी शब आ ही जाये तू...इसी उम्मीद को पाले
बिचारा ख़्वाब कब से नींद के मेले में बैठा है

सुनो ऐ हुस्न के सारे ख़ुदाओ! अब पिघल जाओ
उधर देखो उधर...वो इश्क़ जो सजदे में बैठा है

वो आयेगा तो दरवाज़े पे दस्तक ख़ुद ही दे देगा
दरीचा क्यों भला जाकर यूँ गलियारे में बैठा है

अधूरे सच का बरगद हूँ किसी को ज्ञान क्या दूँगा*
मगर मुद्दत से इक 'गौतम' मेरे साये में बैठा है

---

* शे'र के लिए और ग़ज़ल की ज़मीन के लिए बांदीपोरा, कश्मीर के भूतपूर्व डीसी जनाब मंज़ूर अहमद लोन साब का शुक्रिया

100

पछताओगी, ऐसे जो दिल पर जाओगी तुम
धड़कन शोर मचायेगी तो डर जाओगी तुम

ख़ामोशी मेरी तो तुमसे सही नहीं जाती
शेर सुनोगी... ? देखो क़सम से मर जाओगी तुम

चेहरे की रंगत देखेंगे...तंज़ करेंगे लोग
शाम ढले मुझसे मिलकर जब घर जाओगी तुम

हाथ छुआ बस...इतने पर ये हाल तुम्हारा है
चूम लिया गर फिर तो क्या कुछ कर जाओगी तुम

भरी-भरी सी आँखें लेकर यूँ जो बैठी हो
जाने कितने दरियाओं को भर जाओगी तुम

101

उसे छू लूँ...उसका छुआ तो लगे
मेरा है अगर वो, मेरा तो लगे

वही बेबसी और वहशत वही
कभी इश्क़ उफ़ ये नया तो लगे

वो भारी सी पलकें उठाये कोई
उन आँखों में क्या है पता तो लगे

सितम नींद पर हो अकेले ही क्यों
कि ख़्वाबों को भी रतजगा तो लगे

वो आये...मुझे भर ले आगोश में
सुलगते बदन पर घटा तो लगे

रुकी ज़िन्दगी को मिले कारवाँ
फिर उससे कोई सिलसिला तो लगे

ये राहे-मुहब्बत है...रुकना कहाँ
ज़रा पैरों से रास्ता तो लगे

102

रहा न ज़ोर मेरा अब मेरे धड़कने पर
वजूद चीख़ उठा दिल के इस ख़ुलासे पर

किसी ने तुझको उसी नाम से पुकारा जब
न पूछ गुज़री है क्या क्या तेरे दीवाने पर

नहीं है गर ये मुहब्बत तो और क्या है फिर
ये खिलखिलाना तेरा मेरे हर लतीफ़े पर

उधर वो चाँद कि बादल में खोया-खोया है
इधर ये चाँदनी फैली है एक तारे पर

उठा जो ज़िक्र तेरे हुस्न का गली में, तो
फ़लक से आ गया सूरज उतर के छज्जे पर

थी ज़िद कि उनसे निगाहें मिलाये रखनी हैं
तो तीर आने दिये सारे मैंने सीने पर

सुना दे अब तो कहानी ज़मीं के लोगों को
सवाल उठने लगे हैं किसी फ़रिश्ते पर

103

उसकी गली में आ के भी हम दर-ब-दर हुए
क्या कुछ नहीं थे वैसे तो...क्या कुछ मगर हुए

वो जो गया तो ज़िन्दगी ये धूप-धूप है
अच्छी-भली सी शाम थे हम...दोपहर हुए

शामिल हुआ है जब से मेरी नींद में कोई
काले-सफ़ेद ख़्वाब के कितने कलर हुए

महफ़िल में नाम उसने हमारा लिया तो हम
कमबख़्त से जनाब...अबे ओ से 'सर' हुए

मंज़िल हमें मिली न हमारी तो क्या हुआ
कितने ही सरफिरों के लिये रहगुज़र हुए

उसने हमें पलट के ज़रा देख क्या लिया
हम शह की गली-गली में इक ख़बर हुए

बस इक नज़र ही तो पड़ी थी उस पे और हम
बैठे-बिठाये हाय सरापा[1] नज़र हुए

---

1. सर से पाँव तक

104

इक टैटू गर्दन के पीछे...इक टैटू है बाजू पर
तितली मंडराती रहती है उसके दोनों टैटू पर

उसके बदन पर फेंक के देखूँ मुट्ठी भर जो हरसिंगार
कैसी ख़ुशबू उठेगी जब ख़ुशबू गिरेगी ख़ुशबू पर

लहरों से शोले निकलेंगे और समन्दर उबलेगा
वो जो मेरे साथ हो तन्हा दूर किसी इक टापू पर

पानी की इक बूँद टिकी थी उसकी ठुड्डी पर ऐसे
जैसे कोई फूल खिला हो तेज़ नुकीले चाकू पर

बयाँ अधूरा रह जायेगा...बात नहीं बन पायेगी
शेर कहो या नज़्म लिखो तुम उन आँखों के जादू पर

चाँद कहाँ यूँ हाथ में आता है ओ भोले दीवाने
रहने भी दो...थक जाओगे तीर चलाकर जुगनू पर

105

सुब्ह से ही धौंस देती गर्मियों की ये दुपहरी
ढीठ है कमबख़्त कितनी गर्मियों की ये दुपहरी

ताकता है रास्ता ख़ामोश सूरज बादलों का
और सन्नाटे में डूबी गर्मियों की ये दुपहरी

ताश के पत्ते खुले दालान पर...अब 'छुट्टियों' संग
खेलती है तीन पत्ती गर्मियों की ये दुपहरी

छुप के रौशनदान से आकर उतरती है दबे पाँव
खिड़कियों में हू-हू करती गर्मियों की ये दोपहरी

लीचियों के छिलके जैसी, बेल के शरबत सी...या फिर
रस भरे आमों की गुठली गर्मियों की ये दुपहरी

शाम आँगन में खड़ी कब से...मगर छत पर अभी तक
पालथी मारे है बैठी गर्मियों की ये दुपहरी

चाँद के माथे से टपकेगा पसीना रात भर आज
दे गई है ऐसी धमकी गर्मियों की ये दुपहरी

106

ज़रा जब चाँद को थोड़ी तलब सिगरेट की उट्ठी
सितारे ऊँघते उट्ठे...तमक कर चाँदनी उट्ठी

मुँडेरों से फिसल कर रात भर पसरा हुआ पाला
दरीचों पर गिरा तो सुब्ह अलसाई हुई उट्ठी

उबासी लेते सूरज ने पहाड़ों से जो माँगी चाय
उमड़ते बादलों की केतली फिर खौलती उट्ठी

सुलगते दिन के माथे से पसीना इस क़दर टपका
हवा के तपते सीने से उमस कुछ हांफती उट्ठी

अजब ही ठाठ से लेटे हुए मैदान को देखा
तो दरिया के थके पैरों से ठंडी आह-सी उट्ठी

मचलती बूँद की शोखी लरज़ उट्ठी जो शाख़ों पर
चुहल बरसात को सूझी...शजर को गुदगुदी उट्ठी

तपाया दोपहर ने जब समन्दर को अंगीठी पर
उफनकर साहिलों से शाम की तब देगची उट्ठी

107

ठिठुरी रातें, पतला कम्बल, दीवारों की सीलन...उफ़
और दिसम्बर ज़ालिम उस पर फुफकारे है सन-सन ...उफ़

इक तो वैसे ही रग-रग में जमी हुई हो मानो बर्फ़
ऊपर से कमबख़्त सितमगर शबनम का भी जोबन...उफ़

दरवाज़े पर दस्तक देकर बात नहीं जब बन पायी
खिड़की की छोटी झिर्री से झाँके है अब सिहरन...उफ़

छत पर ठाठ से पसरा पाला शब भर खिच-खिच शोर करे
सुब्ह को नीचे आए फिसल कर, गीला-गीला आँगन...उफ़

बूढ़े सूरज की बरछी में ज़ंग लगा है मुद्दत से
कुहरे की मुस्तैद जवानी जैसे सैनिक रोमन...उफ़

हाँफ रही है धूप दिनों से बादल में लिपटी-सिपटी
शोख़ हवा ऐ! तू ही उसमें डाल ज़रा अब ईंधन...उफ़

पछुआ के ज़ुल्मी झोंके से पिछवाड़े वाला पीपल
सीटी मारे दोपहरी में जैसे रेल का इंजन...उफ़

108

ढीठ सूरज बादलों को मुँह चिढ़ाने के लिये
चल पड़ा है, देख, बारिश में नहाने के लिये

देर से चुपचाप छज्जे पर खड़ी है सुब्ह ये
नींद में डूबी सी खिड़की को जगाने के लिये

घोंसले में अपने गौरेया है बैठी सोचती
जाये वो किस बाग़ में अमरूद खाने के लिये

पर्वतों पर बर्फ़ के फाहे ठिठुरने जब लगे
चुपके-से घाटी में फिसले खिलखिलाने के लिये

बेहया-सी दोपहर ठिठकी हुई है अब तलक
और ज़िद्दी शाम है बेचैन आने के लिये

नकचढ़ी इक दूब दिन भर धूप में ऐंठी रही
रात उतरी शबनमी उसको रिझाने के लिये

चाँद को टेढ़ा किये मुँह देखकर तारे सभी
आ गये ठुड्ढी उठाये टिमटिमाने के लिये

109

सुन कर शर्मीली धरती की चीख़ें 'बारिश-बारिश' की
आवारा सूरज भी करता है फ़रमाइश बारिश की

तेज़ हवा बस पहुँची ही है...बादल भी आते होंगे
मौसम के तहख़ाने में अब होगी साजिश बारिश की

एक शजर चुपचाप खड़ा है गुमसुम-गुमसुम पत्तों संग
टहनी-टहनी पर उसकी लिक्खी है ख़्वाहिश बारिश की

राग उठे, आलाप उठे, अब सरगम पर मल्हार उठे
नदियाँ-पोखर सुनना चाहें बस अब बंदिश बारिश की

जिस्म सुलगता, रूह उबलती...यार ख़ुदाया दे दे अब,
हीरे को हीरा काटे है, आतिश-आतिश बारिश की

110

पसीने में पिघलते पस्त दिन की सब थकन गुम है
मचलती शाम क्या आयी...है गुम धरती...गगन गुम है

भला कैसे नहीं पड़ते हवा की पीठ पर छाले
पहाड़ों से चुहलबाज़ी में बादल का कुशन गुम है

कुहासा हाय कैसा ये उतर आया है साहिल पर
सजीले-से, छबीले-से समन्दर का बदन गुम है

खुली छाती से सूरज की बरसती आग है...तौबा
कोई टाँके तो उसकी शर्ट का जो इक बटन गुम है

भगोड़े हो गए पत्ते सभी जाड़े से पहले ही
धुने सर अब चिनार अपना कि उसका तो फ़िरन गुम है

उछलती-कूदती अल्हड़ नदी की देखकर सूरत
किनारों पर बुढ़ाती रेत की हर इक शिकन गुम है

जो पूछा आस्माँ ने जुगनुओं से ''ढूँढते हो क्या?''
कहा हँसकर उन्होंने...चाँद का नीला रिबन गुम है

111

उजली उजली बर्फ़ के नीचे पत्थर नीला नीला है
तेरी यादों में ये सर्द दिसम्बर नीला नीला है

दिन की रंगत ख़ैर गुज़र जाती है बिन तेरे, लेकिन
कत्थई-कत्थई रातों का हर मंज़र नीला नीला है

आ भी जा अब शह्र में वापस...रुत को कर रंगीन ज़रा
देख तो इस मौसम का कैसा तेवर नीला नीला है

दूर उधर खिड़की पे बैठी सोच रही हो मुझको क्या
चाँद इधर छत पर आया है...थक कर नीला नीला है

तेरे आने के दिन गिनता तारीख़ों के बोझ तले
कमरे में हिलता-डुलता कैलेंडर नीला नीला है

तेरी नीली चुनरी ने क्या हाल किया बाग़ीचे का
नारंगी फूलों वाला गुलमोहर नीला नीला है

तेरे गालों से उतरूँ तो आँखों में जा डूबूँ मैं
गोरा-गोरा साहिल और समन्दर नीला नीला है

बादल के पीछे का सच अब खोला तेरी आँखों ने
तू जो निहारे रोज़ इसे तो अम्बर नीला नीला है

$\longrightarrow$

हुस्न भले ही चमके तेरा लाल-गुलाबी रंग लिये
इश्क़ तेरा तो रौशन लेकिन दिल पर नीला नीला है

इक तो तू भी साथ नहीं है...ऊपर से ये बारिश उफ़
घर तो घर...सारा-का-सारा दफ़्तर नीला नीला है

महफ़िल-महफ़िल शोर उठा है...मजलिस-मजलिस हंगामा
नीली ग़ज़ल इक लेकर आया शायर नीला नीला है

❑❑❑

हरी मुस्कुराहटों वाला कोलाज

गौतम राजऋषि भारतीय सेना में कर्नल हैं। उनकी अभी तक अधिकांश पोस्टिंग कश्मीर के आतंकवाद ग्रस्त इलाकों और बर्फ़ीली ऊँचाइयों पर 'लाइन ऑफ़ कंट्रोल' पर हुई है। उन्होंने दुश्मनों के साथ कई मुठभेड़ों का डटकर सामना किया और एक बार तो गम्भीर रूप से घायल भी हुए। 'पराक्रम पदक' और 'सेना मैडल' से सम्मानित कर्नल गौतम राजऋषि की राइफल के अचूक निशाने की तरह ही उनकी कलम भी अपना प्रभाव छोड़ती है। एक तरफ़ जहाँ वे अपनी ड्यूटी पर तैनात रहते हैं, वहीं जो भी फुरसत की घड़ियाँ मिलती हैं, उनमें कलम उठा लेते हैं। पिछले कुछ वर्षों में उनकी कहानियाँ *हंस, वागर्थ, पाखी* आदि पत्रिकाओं में प्रकाशित हो चुकी हैं।

चुनौतीपूर्ण फ़ौजी जीवन को उन्होंने करीब से जिया और देखा है। इस बीच कई ऐसी घटनाएँ हुईं और ऐसे पात्र मिले जो यादगार बन गये। इन्हीं अनुभवों और स्मृतियों को लेकर उन्होंने कहानियाँ लिखीं जो इस पुस्तक में सम्मिलित हैं। इन कहानियों में फ़ौजी जीवन की वो झलक मिलती है जो आम नागरिक से बहुत ही अलग है और जिसे पढ़ते पाठक फ़ौजी माहौल में पहुँच जाता है।

यह गौतम राजऋषि की दूसरी पुस्तक है। पहली पुस्तक, *पाल ले इक रोग नादान*, जो उनकी ग़ज़लों का संकलन था, काफ़ी लोकप्रिय और चर्चित रही। उनका संपर्क है gautam_rajrishi@yahoo.co.in; mobile no. 9759479500

ISBN : 9789389373196

पृष्ठ : 195

राजपाल एण्ड सन्ज़ की स्थापना एक शताब्दी पूर्व 1912 में लाहौर में हुई थी। आरम्भिक दिनों में अधिकतर धार्मिक, सामाजिक और देश-प्रेम की पुस्तकें प्रकाशित होती थीं और हिन्दी के अतिरिक्त अंग्रेज़ी, उर्दू व पंजाबी भाषा में भी पुस्तकें प्रकाशित की जाती थीं।

1947 में भारत-विभाजन के बाद राजपाल एण्ड सन्ज़ को नए सिरे से दिल्ली में स्थापित किया गया और साहित्यिक पुस्तकों के प्रकाशन का आरम्भ हुआ। रामधारी सिंह दिनकर, महादेवी वर्मा, बच्चन, अज्ञेय, शिवानी, आचार्य चतुरसेन, विष्णु प्रभाकर, राजेन्द्र यादव, मोहन राकेश, रांगेय राघव, कमलेश्वर और अन्य साहित्यिक लेखकों की कृतियाँ यहाँ से प्रकाशित होने लगीं। राजपाल एण्ड सन्ज़ से प्रकाशित *मधुशाला, कुरुक्षेत्र, मानस का हंस, आवारा मसीहा, कितने पाकिस्तान, आषाढ़ का एक दिन* जैसी पुस्तकें हिन्दी साहित्य की 'क्लासिक पुस्तकें' मानी जाती हैं और आज भी लोकप्रियता के शिखर पर हैं। भारत के राष्ट्रपतियों और प्रधानमंत्रियों की पुस्तकें प्रकाशित करने का गौरव भी राजपाल एण्ड सन्ज़ को प्राप्त है। नोबेल पुरस्कार से सम्मानित अर्थशास्त्री डॉ. अमर्त्य सेन की सभी पुस्तकों के हिन्दी अनुवाद यहाँ से प्रकाशित हैं। अन्तरराष्ट्रीय चर्चित पुस्तकों के अनुवाद, विश्वविख्यात कोशकार डॉ. हरदेव बाहरी द्वारा सम्पादित 'राजपाल' शब्दकोशों की शृंखला और किशोरों के लिए सैकड़ों पुस्तकें राजपाल एण्ड सन्ज़ से प्रकाशित हुई हैं।

पाठकों के स्वस्थ और सुरुचिपूर्ण मनोरंजन और ज्ञानवर्धन के लिए समर्पित राजपाल एण्ड सन्ज़ से हिन्दी और अंग्रेज़ी में पुस्तकें प्रकाशित होती हैं जो देश के सभी बड़े पुस्तक-विक्रेताओं और विश्व भर के ऑनलाइन विक्रेताओं के यहाँ उपलब्ध हैं।

राजपाल एण्ड सन्ज़

1590 मदरसा रोड, कश्मीरी गेट, दिल्ली-6, फोन: 011-23869812, 23865483
email: sales@rajpalpublishing.com, facebook: facebook.com/rajpalandsons
website: www.rajpalpublishing.com